Die großen Religionen der Welt

Hinduismus, Buddhismus, Judentum,
Christentum, Islam

Ravensburger Buchverlag

Inhalt

Was ist Religion?

Religion ist eine ehrfurchtsvolle Hinwendung an göttliche Mächte. Diese können in Gestalt von Menschen, Tieren oder Gegenständen verehrt werden, immer aber gelten die durch sie wirkenden göttlichen Mächte als überlegen. Der Mensch muss sich ihnen unterwerfen, sie bitten und ihnen danken. Die Ehrfurcht gegenüber dem Göttlichen kann durch bloßes Andenken (Gebet) oder durch oft aufwendige Handlungen (Kult) zum Ausdruck gebracht werden. Die Menschen erhoffen sich dadurch Heil – zum Beispiel körperliche und geistige Gesundheit, Kindersegen, eine glückliche Partnerschaft oder reiche Ernten.

„Du sollst deinen Nächsten lieben wie dich selbst."

3 Mose 19, 18

▲ Dieses Mädchen aus Nepal wird als Wiedergeburt der Göttin Kumari verehrt. Im Alter von 12 oder 13 Jahren kehrt das Mädchen in sein Leben zurück und die Hindupriester erwählen ein anderes Mädchen als Kumari.

Stammes-, Volks- und Weltreligionen

Man unterscheidet zwischen Stammes-, Volks- und Weltreligionen. Eine Stammesreligion hat Fürsprecher nur in einem – zum Beispiel afrikanischen – Stamm. Volksreligionen sind allen Mitgliedern nur eines Volkes zugänglich. Typische Beispiele sind das Judentum und das Parsentum. Nur gebürtige Juden oder Parsen sind Mitglieder dieser Religionen. Weltreligionen stehen allen Menschen, gleichgültig welcher Herkunft, offen. Im Allgemeinen spricht man von fünf Weltreligionen: dem Hinduismus oder Brahmanismus, dem Buddhismus, dem chinesischen Universismus (Konfuzianismus und Taoismus) sowie dem Christentum und dem Islam. Insbesondere die Weltreligionen legen Wert auf eine

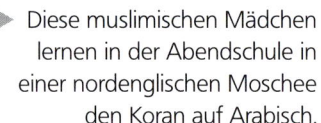

▶ Diese muslimischen Mädchen lernen in der Abendschule in einer nordenglischen Moschee den Koran auf Arabisch.

In Santiago de Compostela in Nordspanien werden die Gebeine des Apostels Jakobus verehrt. Seit dem Mittelalter pilgern Christen aus aller Welt zu diesem bedeutenden Wallfahrtsort.

umfassende, alle Menschen einbindende, aber auch verpflichtende Moral. Ihr gemeinsamer moralischer Grundsatz ist die so genannte „Goldene Regel": „Was du nicht willst, das man dir tu, das füge auch keinem anderen zu."

„Keiner von euch ist gläubig, bis er für seinen Bruder wünscht, was er für sich selbst wünscht."

Wort des Propheten Mohammed

Die Weltreligionen unterscheiden sich oft erheblich, was häufig zu Missverständnissen oder sogar kriegerischen Auseinandersetzungen führte. Einige glauben an nur einen Gott (Christentum, Islam, Sikhismus), andere an viele Götter (Hinduismus), der ursprüngliche Buddhismus an gar keinen, zumindest keinen personalen Gott.

Heute breiten sich insbesondere das Christentum vor allem in Afrika und der Islam in Asien schnell aus. Dadurch verdrängen sie ansässige Stammes- und Volksreligionen. Doch fast immer werden angestammte Anschauungen und Bräuche in die „neue" Religion eingebracht. Ein südamerikanischer Gottesdienst läuft deshalb sehr anders ab als ein mitteleuropäischer, auch wenn sich die Gläubigen gleichermaßen zum Beispiel zum katholischen Christentum bekennen.

Religionen existieren so lange, wie sie in den Herzen ihrer Anhänger verankert sind; sie können nicht vor dem Aussterben bewahrt werden. Verlieren sie an Faszination, dann können Gesetze oder wissenschaftliche Projekte dem kaum entgegenwirken. Es gibt aber auch bemerkenswerte Ausnahmen.

Die so genannten „Mandäer", eine religiöse Täufergemeinschaft im Süden des Irak, war beinahe nicht mehr existent. Die wissenschaftliche Erschließung alter, lange verschollener mandäischer Schriften brachte die kleine Restgemeinde im 20. Jh. zu neuerlicher Blüte.

Eine jüdische Familie gedenkt beim alljährlichen Passahmahl des Exodus, des Auszugs der Israeliten aus Ägypten.

Die Geschichte der Religionen

Schon die „Vormenschen" hinterließen Spuren, die auf religiöses Verhalten hindeuten. Gesichert sind religiöse Zeugnisse seit dem Jungpaläolithikum vor 40 000 Jahren. Die meist aus Mammutelfenbein geschnitzten Figuren waren erkennbar Kultobjekte. Kleine Figuren von meist fülligen Frauen wurden besonders verehrt; so die berühmte „Venus von Willendorf" (Österreich). Ab etwa dem 3. Jt. v. Chr. entstanden am Nil, im Zweistromland und am Indus Tempelanlagen, Götterstatuen und Grabmale für die als Götter verehrten Könige. Seit damals sind auch die ersten schriftlichen religiösen Zeugnisse überliefert. Um etwa 1400 v. Chr. traten die Vorboten einer religionsgeschichtlichen Wende auf: in Ägypten der Pharao Echnaton, im Osten Irans der Wanderpriester Zarathustra (Zoroaster). Beide versuchten, die bis zu diesem Zeitpunkt verehrte Göttervielfalt („Polytheismus") abzuschaffen und an ihre Stelle einen einzigen Gott zu setzen („Monotheismus"). Die Muttergottheiten wurden durch eine göttliche

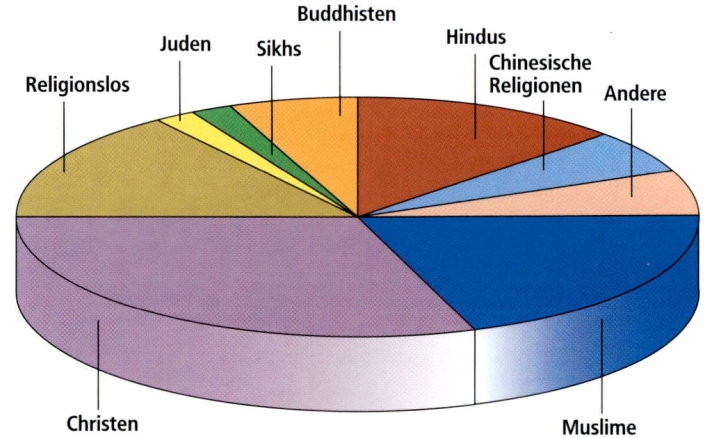

▲ Religionen wie das Christentum und der Islam haben überall auf der Welt viele Anhänger. Andere Religionen, wie etwa die chinesischen Religionen, sind eher auf bestimmte Regionen beschränkt.

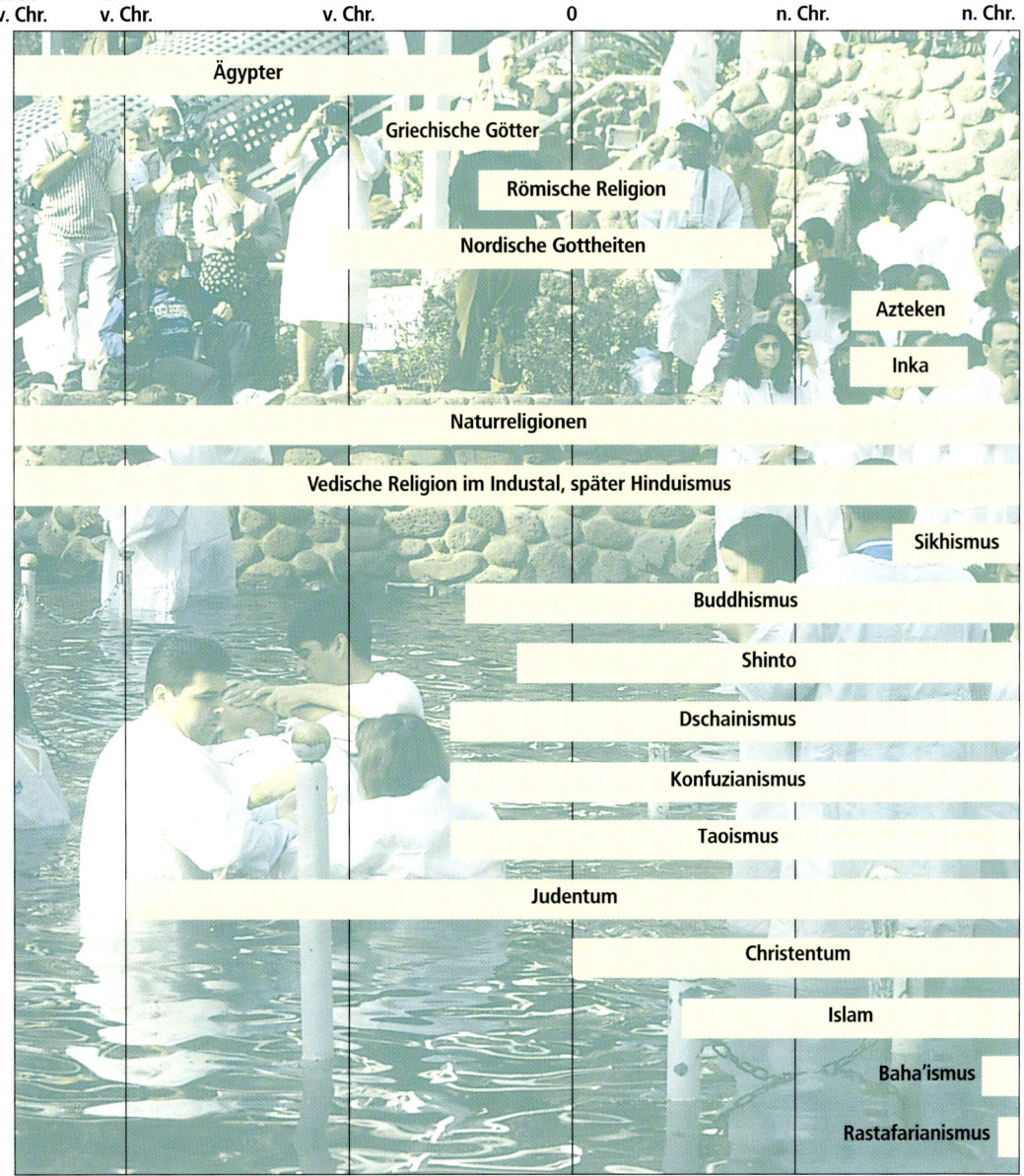

| 2500 v. Chr. | 2000 v. Chr. | | 1000 v. Chr. | | 0 | | 1000 n. Chr. | | 2000 n. Chr. |

Ägypter

Griechische Götter

Römische Religion

Nordische Gottheiten

Azteken

Inka

Naturreligionen

Vedische Religion im Industal, später Hinduismus

Sikhismus

Buddhismus

Shinto

Dschainismus

Konfuzianismus

Taoismus

Judentum

Christentum

Islam

Baha'ismus

Rastafarianismus

◄ Religionen wie das Christentum und der Islam sind zeitlich gut einzuordnen, weil das Leben ihrer Stifter historisch und in Schriftzeugnissen dokumentiert ist. Religionen ohne schriftliche Überlieferungen sind schwierig zu datieren. Die Religion, die als Hinduismus bekannt ist, entwickelte sich über einen langen Zeitraum, sodass es unmöglich ist, sie genau zu datieren.

Vatergestalt verdrängt. Er stand für das Licht des Guten und des Wahren. Wer dem neuen Gott folge, würde nach dem Untergang der irdischen Welt in ein lichtdurchflutetes Jenseits gelangen. Solches Gedankengut breitete sich ab etwa dem 6. Jh. v. Chr. allmählich über Iran und Israel im Mittelmeerraum aus. Etwa gleichzeitig kam es auch in Indien und China zu weitreichenden religiösen Veränderungen. Persönlichkeiten wie Buddha in Indien oder Konfuzius und Laotse in China traten auf.

Ab etwa 100 v. Chr. entwickelten sich im Westen neue Bewegungen mit streng monotheistischem Charakter. Die erfolgreichste Bewegung sollte das Christentum werden. Es unterschied sich von den übrigen religiösen Bewegungen durch die einzigartige persönliche Herzlichkeit Jesu, seine Gleichnissprache und seine Achtung vor den Frauen und den sozial Ausgegrenzten. Durch seinen Opfertod, so die christliche Heilsbotschaft, sei jedem Einzelnen, der zu Jesus hin umkehre, Erlösung und ewiges Leben zugesichert. Schon wenige Jahrzehnte nach Jesu Tod gelang es Paulus und seinen Schülern, den Grundstein zur Weltreligion zu legen.

Der bislang letzte Religionsstifter (Islam) war Mohammed (arabisch: Muhammad). Um 610 n. Chr. vernahm er in einer Höhle bei Mekka Stimmen, die er als Worte Allahs, des einen Gottes, deutete. Bis zu diesem Zeitpunkt hatte sich in Arabien ein polytheistischer Glaube erhalten. Doch noch zu Mohammeds Lebzeiten wurden weite Teile Arabiens bekehrt, nach seinem Tod auch das riesige Perserreich.

◄ Die meisten Religionen haben einen heiligen Ort. Manche dieser Orte wurden von Menschen erbaut, andere kommen in der Natur vor, wie zum Beispiel die Berge Uluru (Ayers Rock, Australien) oder Tai Shan (China).

9

Alte Religionen

Zu den alten Religionen zählen neben frühen Formen der Götterver-
ehrung auch die Religionen der Ägypter, der Griechen und Römer, Kelten
und Germanen, aber zum Beispiel auch die sibirischen, australischen
oder altamerikanischen Religionen. Sie gaben den Menschen Halt oder
Zuflucht und beantworteten auf ihre Art ebenso die großen Fragen des
Lebens wie heute gelebte Religionen. Doch neue Religionen, insbesondere das Christentum und der Islam, setzten sich gegen die alten Glaubensinhalte durch.

Antike Mythen und Kulte

Die Götter im antiken Griechenland und im Römischen Reich, die Gottheiten des alten Ägypten und die übermenschlichen Figuren der germanischen Götterwelt leben in Mythen und Legenden bis heute weiter. Aber
sie haben ihre religiöse Kraft verloren. Die griechischen und römischen
Götter wurden verehrt und gefürchtet, aber kaum geliebt. Sie verwandelten sich und erschienen auf der Erde, mischten sich aber selten
in die Angelegenheiten der Menschen
ein. Sie wirken aus heutiger Sicht
unzugänglich, kalt und bisweilen
sogar grausam. Während die antiken Götter einen ausgeprägten
Eigenwillen besaßen und aus einer
großen Distanz die Welt regierten,
liegt den Christen am persönlichen
Verhältnis zu Jesus, der geliebt
und angebetet wird.

Die Natur in der Religion

Die Natur mit ihren Erscheinungsformen spielte bei der Entstehung der frühen Religionen
eine wichtige Rolle. Natur-

◀ Im Altertum wurden die Götter
oft mit den Elementarkräften der
Natur in Verbindung gebracht. Die
nordische Göttin Freya mit einer
Hand an der Brust symbolisiert
weibliche Fruchtbarkeit.

▼ Diese Höhlenmalereien schufen eiszeitliche
Jäger um 17 000 v. Chr. in Lascaux. Manche
Forscher vermuten, dass sie die Tiere in dem
Glauben abbildeten, so über sie Macht zu
gewinnen.

Stonehenge, der wohl berühmteste prähistorische Steinkreis, wurde zwischen 3000 und 1500 v. Chr. in der Ebene von Salisbury (Wiltshire, Südwestengland) errichtet. Die Menschen verehrten möglicherweise Fruchtbarkeitsgottheiten und stellten astronomische Berechnungen an.

erscheinungen wurden zu Göttern personifiziert, zum Beispiel die Sonne. Sie wurde im Indusgebiet als Gott Surya, in Ägypten als Gott Re, bei den Griechen als Gott Helios und bei den Römern als Gott Sol verehrt. Höhlenmalereien aus der Zeit um 17000 v. Chr. etwa in den Höhlen von Lascaux (Südwestfrankreich) belegen, wie die Menschen der Urzeit ihr Staunen über ihre natürliche Umgebung zum Ausdruck brachten. Schon einige Jahrtausende früher waren an mehreren Orten in Europa Frauenfigurinen entstanden, die wahrscheinlich eine Muttergöttin verkörpern (beispielsweise die „Große Mutter" in Çatal Hüyük, Türkei). Als sich ab etwa 7000 v. Chr. eine sesshafte Gesellschaftsform mit Ackerbau und Viehzucht entwickelte, wurden solche Frauenfigurinen immer noch verehrt. Während in den Jahrtausenden davor Höhlen und offene Plätze dem Kult dienten, wurden jetzt eigene Kultgebäude oder Tempel errichtet.

Der Göttervater Zeus (bei den Römern Jupiter) war der höchste Gott im antiken Griechenland. Er lenkte nach dem Glauben der Menschen ihr Schicksal.

Das alte Ägypten

Der Sonnengott Re war in der Religion des alten Ägypten von herausragender Bedeutung. Man verehrte ihn als Schöpfer allen Lebens und weil er im Himmel wohnte, bildete man ihn oft mit Flügeln und dem Kopf eines Falken ab. Weil er so mächtig war und bei seiner täglichen Reise über den Himmel Einfluss auf das Leben aller Menschen nahm, brachte man ihn auch mit den herrschenden Pharaonen in Verbindung. Sie galten als Söhne des Re.

Amun Re

Zu verschiedenen Zeiten der ägyptischen Geschichte gehörten die Götter zu einzelnen Städten. Wurde ein Städtebündnis geschlossen, vereinigten sich auch die jeweiligen Götter. Als beispielsweise die Stadt Heliopolis mit ihrem Schutzgott Re einen Pakt mit Theben (heute Luxor) und seinem Schutzgott Amun einging, entstand die neue Gottheit Amun Re, die eine Zeit lang Reichsgottheit war.

Die Götter der Ägypter

Isis wurde als Fruchtbarkeitsgöttin und Königin der Götter verehrt. Osiris, ihr Gemahl, verschmolz später mit Re zum höchsten Gott Ägyptens und König über die Toten. Horus hatte die Gestalt eines Falken und galt wie der Pharao als Gottessohn. Thot, der Gott des Mondes und der Wissenschaft, trug den Kopf eines Ibis, der Totengott Anubis den eines Schakals. Ptah war der Schöpfergott und Gott der Handwerker.

Ein einziger Gott

Versuche, die Zahl der Götter zu begrenzen, wurde von den Priestern verhindert, denn ihre Macht hing von der Anzahl der Götter ab. Es war Amenophis IV. (um 1379–1362 v. Chr.), Gemahl der Königin Nofretete, der mit dem Gott

▲ Isis und ihr Gemahl Osiris waren bedeutende Gottheiten im ägyptischen Pantheon (die Gesamtheit der Götter). Osiris, so der Mythos, wurde von seinem Bruder Seth getötet. Doch Isis, Königin der Götter, holte ihn ins Leben zurück. Osiris wurde König der Toten und herrschte fortan über die Unterwelt.

◄ Die Totenmaske des Pharao Tutanchamun wurde von dem britischen Archäologen Howard Carter im Jahr 1922 entdeckte. Sie ist aus massivem Gold. Der Inhalt von Tutenchamuns Grabkammer blieb von Grabräubern verschont und wurde unversehrt geborgen.

▶ Viele Tiere, insbesondere Vögel und Katzen, waren den Ägyptern heilig. Sie balsamierten sie ein und begruben sie mit den Toten als Begleiter ins Jenseits. Die Fruchtbarkeitsgöttin Bastet wurde häufig in Gestalt einer Katze dargestellt.

Aton (repräsentiert mit der Sonnenscheibe) den Glauben an einen einzigen Gott einführte („Monotheismus"). Er verbannte alle anderen Götter, erklärte Aton zum alleinigen Gott und änderte seinen eigenen Namen in „Echnaton" („der Sonne wohlgefällig"). Er ließ alle Tempel schließen, die anderen Göttern geweiht waren. Deshalb war Echnaton in weiten Teiles des Volkes verhasst. Sein Nachfolger Tutanchamun schaffte den Atonglauben deshalb wieder ab und brachte Amun und die anderen Götter neuerlich zu hohem Ansehen.

Unsterblichkeit

Wie die Könige in anderen Kulturen, galten auch die ägyptischen Pharaonen als gottähnliche, unsterbliche Wesen. Die Pyramiden sind wahrscheinlich Sinnbilder für diese königliche Unsterblichkeit. Im Laufe der Jahrhunderte wurde das Privileg der Unsterblichkeit auch von gewöhnlichen Menschen beansprucht. Jeder Ägypter war fortan um eine möglichst würdevolle und aufwändige Bestattung bemüht. Dazu gehörte insbesondere die Einbalsamierung zur Mumie.

◀ Der Tempel von Luxor (dem alten Theben) war eine der wichtigsten Stätten der Verehrung. Geleitet wurde er von der Priesterschicht, deren oberster Herr der göttliche Pharao war.

Das antike Griechenland

Die Griechen hatten viele Götter, doch im Mittelpunkt ihres Glaubens standen zwölf Hauptgötter, die unter Führung des mächtigen Göttervaters Zeus auf dem Berg Olymp lebten. Die Götter hatten menschliche Gestalt und verhielten sich oft auch wie Menschen. Über sie wurden viele Geschichten erzählt, die von ihren Taten berichteten. Diese wurden mündlich überliefert und bei feierlichen Anlässen laut vorgetragen. Erst relativ spät schrieb sie der Dichter Homer (7./8. Jh. v. Chr.) in den beiden Dichtungen „Ilias" und „Odyssee" auf.

Im Mittelpunkt dieser Dichtungen stehen die Helden Achilleus und Odysseus. Ihre Abenteuer veranschaulichen, wie nach griechischer Auffassung das Leben der Menschen von der Macht der Götter und ihrem Wohlwollen abhing.

Jeder Göttin und jedem Gott wurden übermenschliche, aber auch menschliche Eigenschaften zugewiesen: Mut, Güte, Fruchtbarkeit, musikalische oder künstlerische Fähigkeiten. Die Götter belohnten gute und tapfere Taten, wurden jedoch ungehalten und verhängten schwere Strafen, wenn jemand stolz, übertrieben ehrgeizig oder eingebildet war.

▲ Zeus stand an der Spitze der Götterfamilie auf dem Berg Olymp. Er soll den Himmel und das Wetter beherrscht und das Leben der Menschen gelenkt haben. Seine Frau Hera war die Göttin der Ehe.

Ares, Gott des Krieges, Sohn des Zeus und der Hera

Hephaistos, Gott des Feuers und der Schmiede

Aphrodite, Göttin der Liebe und der Schönheit

Artemis, Göttin der wilden Tiere und der Jagd

▶ In Delphi, am Berg Parnassus gelegen, stand der Tempel des Gottes Apollon. Er war Schutzpatron der Musik und der Dichtung und verkörperte das griechische Schönheitsideal.

▼ Apollon und (unten rechts) Demeter, Göttin des Ackerbaus und der Feldfrucht. Demeter wird meist mit einer Garbe Weizen abgebildet.

Kultstätten

Die Tempel zur Verehrung der Götter errichtete man häufig am höchsten Punkt der Stadt, der „Akropolis". In Athen war der berühmteste Tempel der Parthenon, geweiht der Athene, Göttin der Weisheit und Schutzgottheit der Stadt. Die einfachen Leute hatten Schreine ihrer Lieblingsgötter zu Hause. Manche huldigten im Verborgenen einem „Mysterium" (Geheimkult). Der berühmteste war wohl der Kult um Dionysos, den Gott des Weines. Die Menschen suchten dort eine intensivere Religionserfahrung.

Neue Vorstellungen

Allmählich machten sich Zweifel breit, ob der Glaube an die Götter das Leben und seinen Sinn zufrieden stellend erklärte. Besonders Sokrates, sein Schüler Plato und Aristoteles entwarfen philosophische Theorien, die für die europäische Geschichte für Jahrhunderte bedeutsam waren, in der Theologie nicht anders als in der Ethik und in der Physik. Am Ende galten die Götter nur noch als Teil einer mythischen Welt.

Hestia, Göttin des Herdfeuers und der Familie

Der Meeresgott Poseidon mit seinem Kennzeichen, dem Dreizack

Athene, Göttin des Krieges, der Kunst und der Wissenschaften

Hermes, Götterbote und Gott der Reisenden

Das Römische Reich

Das Wort „Religion" kommt vom lateinischen Wort „religio". Für die Römer bedeutete es sowohl „Bund" (zwischen Menschen und Göttern) als auch „Verpflichtung" (des Menschen, die Götter zu verehren).

Die Götter der Römer

Die Römer übernahmen die griechischen Götter und passten sie ihren Bedürfnissen an. Aus dem Göttervater Zeus wurde Jupiter, aus seiner Frau Hera die Göttin Juno. Der Götterbote Hermes wurde zu Merkur. Aus Athene, Göttin des Krieges und der Weisheit, wurde Minerva, aus Aphrodite, Göttin der Liebe und der Schönheit, die Göttin Venus. Der Kriegsgott Ares war jetzt Mars, Demeter, Göttin der Feldfrüchte, wurde zu Ceres, und Artemis, Göttin des Mondes und der Jagd, zu Diana. Apollon, der Gott für Musik, Dichtung und Künste, hieß nun Apollo.

Der religiöse Kult

In der römischen Religion stand der Staatskult im Vordergrund; man glaubte, dass die Götter den Staat beschützten. Die religiösen Rituale führte ein Priesterkollegium durch, an dessen Spitze der Pontifex maximus (Oberpriester) stand. Die einfachen Menschen waren nicht zu allen Ritualen zugelassen. Doch gab es auch große Volksfeste zu religiösen Anlässen. Vor wichtigen Entscheidungen holten die Menschen bei einem Orakel den Rat einer bestimmten Gottheit ein. Die meisten Orakel lagen in der Nähe von Gewässern. Beliebt war das Heiligtum des Äskulap, Gott der Heilung und Schutzgott der

▲ Der geflügelte Merkur war Götterbote und Gott des Handels und der Händler.

▲ Dieses römische Mosaik zeigt Neptun, Gott der Flüsse und der Meere. Er fährt in einem von Seepferden gezogenen Streitwagen über die Wellen, in der Hand den Dreizack. Wenn Neptun schlecht gelaunt war, entfesselte er Erdbeben, Unwetter, Sturmfluten, Seuchen und Hungersnöte.

▼ Dieses Relief aus dem Tempel des Neptun in Rom zeigt ein Opfer zu Ehren des Kriegsgottes Mars.

Ärzte, der einen Schlangenstab in der Hand trug. Kranke Menschen besuchten es in der Hoffnung zu genesen. Andere Heiligtümer standen für Fruchtbarkeit und wurden von Frauen aufgesucht, die sich ein Kind wünschten.

Auch die Weissagung war sehr verbreitet. Auguren oder andere Seher lasen die Himmelserscheinungen, den Vogelflug und die Innereien von Opfertieren und leiteten daraus die Wünsche der Götter an die Menschen ab.

Wie im alten Griechenland gab es eine Reihe von Mysterien- und Geheimkulten. Die Menschen fanden darin vielleicht jene Nähe und Ergriffenheit, die der öffentliche Kult nicht vermitteln konnte. Das Christentum, das sich in Rom im 1. Jh. n. Chr. verbreitete, war damals nur eine dieser Geheimreligionen. Verehrt wurden auch Isis und Osiris, Cybele und Attis, vor allem aber der persische Gott Mithras.

▼ In den römischen Privathäusern gab es Schreine für die Laren und die Penaten. Das sind Schutzgottheiten für Ackerbau, Familie und Vorratskammer. Hier ein Lar mit einem Trinkhorn und einem Teller für Opfergaben an die Götter.

Germanische und keltische Religionen

Die germanischen und keltischen Religionen entstanden in den nördlich gelegenen Ländern Mittel- und Westeuropas sowie im heutigen Skandinavien. Im Gegensatz zu den Göttern der Mittelmeerländer waren die Götter des Nordens eher grimmig und düster. In den germanischen Religionen gab es Gottheiten des Donners, des Regens und des Windes, die oft in blutige Schlachten gegen Riesen und Ungeheuer verwickelt waren. Vieles weist darauf hin, dass diese Götter schon in vorgeschichtlicher Zeit verehrt wurden. Doch besonders die Wikinger, Händler und Krieger, die vom 8. bis zum 11. Jh. n. Chr. weite Teile Nordeuropas verwüsteten, fühlten sich von diesen Gottheiten angezogen. Sie trugen die aufregenden Geschichten ihrer sagenhaften Abenteuer laut vor und schrieben sie zuletzt in der so genannten „Edda" und in den „Sagas" nieder.

Die germanische Mythologie

Der Göttervater Odin (auch Wodan) war der Kriegsgott. Nach der Überlieferung ritt er auf seinem achtbeinigen Ross Sleipnir über den Himmel. Er soll nur ein Auge gehabt und im Kampf mutig, in Friedenszeiten aber weise gehandelt haben. Die Walküren waren seine Dienerinnen. Diese Jungfrauen brachten jene, die im Kampf gefallen waren, in die Walhalla, den himmlischen Aufenthaltsort der Helden. Der zweite große Gott der Germanen war Thor (auch Donar), der Sohn Odins. Abbildungen und Schilderungen zeigen ihn als Riesen mit Eisenhandschuhen, einem Kraftgürtel und einem mächtigen Hammer. Er war der Gewittergott, der Blitze schleuderte und Regen spendete.

▲ Die Druiden waren keltische Priester und Zauberer. Sie übten ihren Kult in geheiligten Waldlichtungen oder an Seen und Quellen aus und schnitten Misteln als Zeichen der Fruchtbarkeit. In Notzeiten opferten sie den Göttern vermutlich Menschen.

◀ Das traditionelle keltische Kreuz war schon vor dem Christentum ein religiöses Symbol. Das Christentum der frühen Missionare des 5. und 6. Jh., wie Patrick und Columban, stand unter dem Einfluss der keltischen Kultur.

„*Das Vieh stirbt,
die Freunde sterben,
endlich stirbt man selbst;
doch nimmer mag dem der
Nachruhm sterben,
welcher sich guten gewann.*"

Spruch aus dem Hávamál,
eine Sammlung von Odins Sprüchen

Ragnarök

Obwohl die Götter als über-
menschlich galten, waren sie
nicht unsterblich. In der germanischen Religion wartete man
auf den Tag Ragnarök, an dem
die Götter selbst im Kampf fallen würden. Aus der zerstörten
Welt sollte dann aber eine neue
Welt hervorgehen, in der ein
allmächtiger Gott verehrt werden
würde. Dieser Glaube ist erstmals ab etwa dem 9. Jh. n. Chr.
fassbar und war bereits vom
Christentum beeinflusst, das sich
damals über ganz Europa aus-
breitete.

Die Kelten

Über die Religion der Kelten,
die in der Eisenzeit weite Teile
Westeuropas (Britannien, Irland
und Nordwestfrankreich) be-
wohnten, gibt es nur wenig gesichertes Wissen. Das meiste stammt aus
römischen Quellen, die die keltische Religion abschätzig kommentieren.
Vieles spricht dafür, dass die Kelten Götter aus anderen Kulturen verehrten, zum Beispiel Merkur und Mars, ihnen aber ihre eigenen Götter
zur Seite stellten. Der nackte männliche Gott mit Hörnern oder einem
Geweih ist in der germanischen Mythologie ein ebenso häufiges Sinnbild
wie die Mutter Erde. Beide stehen für Fruchtbarkeit. Die keltischen
Stämme betrachteten die Natur als heilig, insbesondere Quellen, Seen
und Flüsse, die als Ursprung des Lebens galten.

▲ In der germanischen Mythologie war das
Universum in neun Welten unterteilt, die der
Weltenbaum Yggdrasil miteinander verband.
Die Welt der Götter (Aesir) war Asgard, die
Erde war Midgard. Sie war vom Meer um-
geben und umschlungen von der riesigen
Midgardschlange, einer Tochter des Gottes
Loki. Hier hat Thor die Schlange, Symbol des
Bösen, an der Angel. Doch als der Riese Hymir
(rechts) die Schnur durchtrennt, entkommt sie.

19

Zarathustrismus

Der Zarathustrismus (auch Zoroastrismus) war einst eine Weltreligion, wird heute aber nur noch von rund 200 000 Menschen, den so genannten Parsen, ausgeübt. Die Parsen, dem Wort nach verwandt mit „Persien", sehen sich als die einzigen Nachfolger des Propheten Zarathustra. Ihre verbliebenen Restgemeinden leben im Osten Irans und im Westen Indiens, einige auch in den USA.

Zarathustra

Der Zarathustrismus ist eine monotheistische Religion. Sie wurde vom Propheten Zarathustra gestiftet. Lange nahm man an, er habe im 6. Jh. v. Chr. gelebt, doch jüngste Forschungen ergaben, dass er wohl schon um 1000 v. Chr. geboren wurde. Über sein Leben im Nordosten des heutigen Iran ist wenig bekannt. Man vermutet, dass er als Wanderprediger den neuen Glauben lehrte und verbreitete, nachdem er im Alter von 30 Jahren eine Reihe von Visionen vom Obersten Gott Ahura Mazda empfing.

Nach seinem Tod blühten die Legenden, die ihn als Zauberer, Astrologen, Mathematiker und Philosoph beschrieben. Doch wahrscheinlich stand er als Priester in jener indo-iranischen Tradition, in der das Feuer kultische Verehrung genoss, ähnlich wie der Regen, der Wind, die Sonne und die Morgenröte.

Heute üben die Parsen ihre Religion in „Feuertempeln" aus. Das heilige Feuer symbolisiert die Reinheit Gottes, die Quelle von Licht und Leben.

▲ Dieses Relief zeigt heilige Fabelwesen, halb Mensch, halb Tier. Sie stehen als Schutz vor dem Bösen an Türpfosten und Toren.

◀ Der Feueraltar bildet den Mittelpunkt des „Feuertempels". Hier wird er von dem zweimal abgebildeten persischen König Shapur I. (241–272 n. Chr.) bewacht.

▲ Im Alter von sieben Jahren werden die Kinder in den Glauben eingeführt. Sie erhalten den Kusti, das heilige Band, das über dem weißen Gewand dreimal um die Taille geschlungen wird. Beim Gebet (fünfmal täglich) blicken die Gläubigen in ein Licht und lösen den Kusti.

Gut und Böse

Zarathustra verkündete eine Religion, die einen kosmischen Erlöser („Sayosant"), die Wiederauferstehung der Toten und ein Jüngstes Gericht verhieß. Nach dem Richterspruch vor diesem Gericht würden die Sünder in die Hölle, die Guten in den Himmel gelangen. Viele dieser Gedanken wurden von anderen Religionen aufgegriffen, insbesondere von Judentum, Christentum und Islam. Zarathustra lehrte, dass Ahura Mazda den guten Teil des irdischen Lebens erschaffen habe, Angra Mainju aber das Böse. Ihn gelte es zu bekämpfen und am Jüngsten Gericht zu vernichten. Der Mensch kann zwischen Gut und Böse wählen. An seinen Taten wird jeder Mensch gerichtet, wenn er am Ende seines Lebens die Chinvat-Brücke überqueren muss. Für die Rechtschaffenen ist die Brücke breit, für die Bösen aber so schmal wie eine Messerklinge.

Azteken und Inka

Als Christoph Kolumbus (1451–1506) im Jahr 1492 von Spanien aus Amerika erreichte, blühten in Mittel- und Südamerika indianische Hochkulturen, die bis ins 12. Jh. v. Chr. zurückreichten. Die Azteken und die Inka bildeten den Höhepunkt dieser Zivilisation, die von den spanischen Eroberern im 16. Jh. n. Chr. zerstört wurde.

Die Azteken

Die Azteken glaubten, dass das Universum aus verschiedenen Stufen bestehe. Ganz unten befand sich die Unterwelt, ein kaltes, dunkles und unwirtliches Reich, in das diejenigen kamen, die nicht ins Paradies einzogen. Ganz oben lebten zwei himmlische Wesen, die die Menschheit erschaffen hatten. Dazwischen lag die Erde. Die Kräfte des Himmels und der Unterwelt begegneten sich im Großen Tempel von Tenochtitlan, der Aztekenhauptstadt (heute Mexiko City).

▼ Quetzalcoatl war der aztekische Gott der Wissenschaft und der Priester. Er wurde oft als gefiederte Schlange abgebildet.

Verehrung der Sonne

Die wichtigste Naturkraft war für die Azteken die Sonne, die in ihrer Vorstellung als Kriegsgott unablässig mit den Mächten der Finsternis kämpfte. Nur wenn der Sonnengott Huitzilopochtli stark blieb, konnten die Welt und die Aztekenkultur überleben. Menschenopfer wurden zum wichtigsten Bestandteil ihrer Religion, denn die Azteken glaubten, sie müssten den Sonnengott täglich mit Blut versorgen. Den Opfern wurde von einem Priester mit einem scharfen Steinmesser das noch schlagende Herz aus dem Leib geschnitten. Dann opferte er das Herz und das Blut dem Gott, der die Azteken nun, da er Nahrung erhalten hatte, weiter beschützen konnte. Wenn ein Aztekenkrieger starb, blieb er nach aztekischem Glauben vier Jahre lang bei der Sonne und kehrte dann als Kolibri auf die Erde zurück.

▼ Die zweiköpfige Schlange war das Sinnbild des Regengottes Tlaloc. Die Hohepriester trugen sie als Schmuckstück.

▶ Die befestigte Inkastadt Machu Picchu hoch in den Anden von Peru wurde nie von den spanischen Eroberern entdeckt. Hier steht auch ein Sonnentempel.

▼ Für das Intip-Raymi-Fest, das immer am 21. Juni zur Sommersonnenwende in Cuzco (Peru) stattfindet, hat sich ein Paar als Herrscher und Herrscherin verkleidet. Das große Fest zu Ehren des Sonnengottes Inti dauert neun Tage und umfasst Opferungen, Festmahle und Tänze.

Die Inka

Die Inka siedelten zunächst im 13. Jh. n. Chr. in den Anden um Cuzco im heutigen Peru. Sie schrieben bestimmten Orten, Tieren oder Gegenständen übernatürliche Kräfte zu: Bergen, Flüssen und alten Heiligtümern, die man „huaca" nannte. Ihnen begegnete man mit großer Ehrfurcht. Auch die Landwirtschaft war heilig. In der Mitte der heiligen Landschaft lag die Hauptstadt Cuzco.

Die Inkagötter

Der Hauptgott der Inka war Viracocha, Schöpfer aller Dinge, der die Sonne, den Mond und die Menschen erschaffen hatte. Daneben gab es Untergötter, zum Beispiel den Sonnengott Inti und den Wettergott Illapa. Wie bei den Azteken war die Verehrung der Sonne überaus wichtig, weil sie als Quelle des Lebens zum Beispiel das Getreide wachsen lässt sowie Wärme und Licht spendet. Der oberste Herrscher („Inka") galt als Sohn der Sonne.

Als Geschenk für die Götter wurden Menschen (Kinder) geopfert, doch überwiegend opferte man Lamas oder reichte Maisbier dar. Die Verehrung der Vorfahren spielte im Leben der Inka eine wichtige Rolle. Wie die Ägypter balsamierten sie die Toten ein und verehrten sie als heilig. Die Inka glaubten, dass gute Menschen nach ihrem Tod zur Sonne aufsteigen und sich auf der Erde als „huaca" offenbaren.

Naturreligionen

Anders als die weltumfassenden Religionen des Christentums und des Islam, die sich weit über ihre Ursprungsorte im Mittleren Osten ausbreiteten, und anders als beispielsweise die jüdische Religion, die von Anhängern rund um den Globus gelebt wird, sind Naturreligionen häufig auf abgelegene Gebiete und vergleichsweise kleine Gemeinden oder Stämme begrenzt. Naturreligionen haben keine Stifter und schriftlich niedergelegte Glaubenslehren.

▶ Dieser nordamerikanische Totempfahl ist reich mit Gottheiten verziert. Er erzählt die Schöpfungsgeschichten, die von Generation zu Generation weitergereicht werden.

Die Natur

Stammesvölker leben im Einklang mit der Natur, die ihnen Nahrung und Schutz bietet. Sie wissen, dass das Leben Gefahren ausgesetzt ist und sie den Elementen ausgeliefert sind. Sie suchen nach geheimnisvollen Kräften in der Natur, die stärker sind als sie selbst, sie beschützen und ihnen in Zeiten der Unsicherheit und Gefahr zur Seite stehen. Diese Kräfte zeigen sich im Glauben der Menschen in Naturereignissen, in bestimmten Tieren oder in ungewöhnlichen Ereignissen, wie zum Beispiel Zwillingsgeburten.

„Sieh diesen Büffel,
oh Großvater,
den du uns gegeben hast.
Die Menschen leben von ihm
und wandeln mit ihm
auf dem heiligen Pfad.“

Wort der Sioux-Indianer
Nordamerikas

Schöpfungsmythen

Die meisten Stammesgesellschaften haben keine Schrift. Stattdessen erzählen sie in Geschichten und Liedern von der Erschaffung der Erde. Sie erzählen von Göttinnen und Göttern, die es übel nehmen, wenn man ihnen nicht den gebührenden Respekt entgegenbringt, und die die Menschen belohnen, wenn sie ihren religiösen Pflichten nachkommen. Die Schöpfungsgeschichten gehören zum religiösen Erbe des Stammes und werden mündlich von einer Generation an die nächste weitergereicht. Inhaltlich sind sie den Schöpfungsmythen der Hochkulturen oft sehr ähnlich.

◀ Diese Maske stammt von den Yoruba in Nigeria. Die geistige Kraft eines Gottes soll auf den übergehen, der die Maske trägt.

Die Schöpfungsgeschichten der Aborigines werden in rituellen Liedern und Tänzen, den so genannten „corroborees", nachgespielt. Sie rufen die Traumzeit in Erinnerung, in der es Geschöpfe auf der Erde gab, die Spuren in der Landschaft hinterließen.

Die Geisterwelt

Neben einem Schöpfergott gibt es viele Geister, deren Hilfe man im täglichen Leben erbitten kann. Manche stehen mit besonderen Orten in Verbindung (zum Beispiel einer Waldlichtung oder einem bestimmten Fels), andere mit Tätigkeiten des Stammes (Jagen, Töpfern, Ackerbau). Die Geisterwelt teilt sich in Gut und Böse. Böse Geister in Gestalt von Hexen und Dämonen, so glaubt man, bringen Unglück über den Stamm (das Ausbleiben der Ernte, eine Dürre, eine Niederlage gegen den Feind) oder den Einzelnen (Krankheit, den Tod eines Kindes). In solchen Zeiten wenden sich die Menschen an den Schamanen, der mit seinen Kräften die bösen Geister bekämpfen und die Menschen heilen kann.

Die Achtung vor den Göttern spiegelt sich in der Achtung vor den Eltern wider. Von Kindern erwartet man, dass sie ihre Eltern ehren und im Alter für sie sorgen. Ein Akan-Sprichwort aus Ghana besagt: „Kümmern sich deine Eltern um dich, bis du deine Zähne bekommst, so kümmerst du dich um sie, wenn sie ihre verlieren."

25

Aborigines und Maori

Für die Aborigines in Australien ist das Land heilig. Es wird von Energie und unsichtbaren Kräften durchzogen. Die Geisterwelt der Aborigines ist untrennbar mit der natürlichen Welt verbunden. Berge, Bäume und Wasserlöcher gelten als heilige Orte.

Die Traumzeit

Die Aborigines glauben, dass das Land, die Menschen, die Tiere und alle Dinge in einer fernen Vergangenheit, der so genannten „Traumzeit", entstanden seien. Damals bevölkerten Wesen die Erde, die buchstäblich ihre Spuren hinterließen: ein Fußabdruck etwa wurde zu einem Tal, ein Daumenabdruck zu einem See. Sie erträumten alles, was es auf der Erde gibt. Nur der Himmel und die Erde waren schon immer da. Die Aborigines glauben, dass diese Wesen ihre fernen Vorfahren sind.

▲ Die Vergangenheit und die Mythen über die Traumzeit sind bei den Aborigines lebendig. In Tänzen und Bildern werden die Geschichten aus der Traumzeit überliefert. Dieses moderne Gemälde zeigt einen Schlangentraum.

Im Einklang mit der Natur

Geschichten aus der Traumzeit gehen von einer Generation auf die nächste über; sie werden auf Rinde gezeichnet und in Tanz, Gesang und Ritual nachgespielt. Die Geister der Vorfahren sind überall, im Land („Manta") und in den Menschen („Anangu"). Die Aborigines leben traditionell in der freien Natur und lernen, gemäß den Gesetzen der Traumzeit der Natur mit großem Respekt zu begegnen. Sie leben im Einklang mit der Natur und kümmern sich um sie. Als Gegenleistung haben sie nichts von ihr zu befürchten.

Die Aborigines töten nur, was sie zum Essen brauchen, und eignen sich ein so gutes Verständnis ihrer natürlichen Umge-

◀ Diese Rindenzeichnung bildet einen Wandjina ab – einen Vorfahren aus dem Meer und dem Himmel, der Regen bringt und die Fruchtbarkeit des Landes und der Tiere regelt.

▼ Maori begrüßen einander, indem sie die Nasen in einem „Hongi" aufeinander drücken. Das ist ein Geste der Freundschaft.

bung an, dass sie zum Beispiel einer Känguruspur über weite Entfernungen folgen können. Wenn jemand die Gesetze der Traumzeit bricht, so führt das zur Katastrophe. Der Verlust des Landes kommt dem Verlust der Seele gleich. Genau dies ist nach Ansicht vieler geschehen. Weiße Siedler, die den Kontinent vor 300 Jahren in Besitz nahmen, drängten die Aborigines nach und nach aus dem Land ihrer Vorfahren in die Städte und Reservate ab, wo sie von ihrer historischen Vergangenheit abgeschnitten sind.

Die Maori

Am Anfang, so die Maori auf Neuseeland, umarmten sich Vater Himmel und Mutter Erde in der Dunkelheit. Zwischen ihnen lagen ihre Kinder – die Götter des Windes, des Waldes, des Meeres und der Nahrung sowie ein Gott, der den Namen „der Grimmige" trug. Um ans Licht zu gelangen, mussten die Kinder ihre Eltern beiseite drängen: Der Waldgott Tane stemmte dazu den Kopf gegen die Mutter und die Füße gegen den Vater und drückte. Die Trennung war für die Menschen notwendig, doch sie war auch traurig; die Trauer drückt sich in den Regentropfen aus, die wie Tränen vom Himmel fallen. Zwar unterscheiden sich ihre Schöpfungsgeschichten von denen der Aborigines. Doch die Maori, die nach der Überlieferung um 750 v. Chr. aus der alten Heimat Hawaiki nach Aotearoa (Neuseeland) kamen, haben mit den Aborigines das gemeinschaftliche Leben und die Achtung vor dem Land gemein. Bei der Geburt eines Kindes spricht der Vater oder der Priester ein Gebet („Karakia"), in dem er die Götter um besondere Macht bittet. Nach dem Tod eines Menschen, so glauben die Maori, kehrt seine Seele in das Land der Vorfahren zurück.

▼ Das Gemeinschaftshaus der Maori mit kunstvollen Schnitzereien, die Szenen aus der Vergangenheit darstellen, ist ein Teil des gemeinschaftlichen Lebens. Der Platz vor dem Haus ist heilig. Hierher bringt man die Toten vor der Bestattung.

Die Indianer Nordamerikas

Als im 16. Jh. die ersten europäischen Siedler nach Amerika kamen, trafen sie auf Indianer, die nicht einem Volk angehörten, sondern vielen verschiedenen Stämmen, die sich über ganz Nordamerika verteilten. Zwar waren ihre Religionen in einigen Punkten ähnlich, doch gab es auch viele Unterschiede.

Die Geister

Alle Indianer glauben an eine übernatürliche, geheimnisvolle Kraft, die die Welt und das Universum beherrscht. Sie besitzt viele Namen: Für die Sioux-Indianer ist sie „Wakan Tanka", für die Hopi „Masau", für die Irokesen „Orenda" und bei den Ojibwa heißt sie „Kitche Manitu". Es gibt viele Geister und jeder erwachsene Indianer hat seinen Schutzgeist.

Schöpfungsmythen

Die Indianer erzählen Geschichten über die Entstehung der Erde und über ihre eigenen Ursprünge. Die Irokesen etwa glauben, dass vor der Erschaffung der Erde alle Menschen im Himmel lebten. Als die Tochter des Häuptlings durch ein Loch ins Wasser fiel, wurde sie von zwei Schwänen gerettet. Auf ihr Geheiß sprangen andere Tiere in die Fluten, bis schließlich eine Kröte untertauchte und mit Erde im Maul wieder auftauchte. Sie spuckte es auf den Panzer einer Schildkröte und daraus erwuchs die Erde.

▶ Indianer im Nordosten Kanadas führen einen Medizintanz mit Masken auf, um für eine Heilung die Geisterwelt zu beschwören.

Schutzgeister

Die Indianer glauben nicht nur an einen großen geheimnisvollen Geist, sondern auch an Schutzgeister, denen sie mit Achtung begegnen. Diese Geister beschützen die Menschen, stehen ihnen in Not und Gefahr bei und segnen sie mit Stärke, Gesundheit und einem langen Leben. Außerdem glauben die Indianer an die Existenz böser Geister, die man bekämpfen oder meiden soll. Der Schamane ist Priester und Heiler und steht in enger Verbindung zur Geisterwelt. Er spricht mit den heiligen Mächten, vertreibt böse Geister und heilt Kranke.

Die Nähe zur Natur

Einige Indianerstämme wurden sesshaft und gründeten bäuerliche Dörfer, andere zogen als Jäger nomadisch von Ort zu Ort. Doch alle lebten mit den Jahreszeiten. Zu besonderen Zeiten im Jahr – beispielsweise zur Zeit der Büffelwanderung, der Rückkehr der Fische, die aus dem Meer in die Flüsse kamen, der Aussaat von Mais – feierten die Stämme Feste mit Tänzen und Gesängen.

▲ Die Jäger in der Prärie hatten eine enge Beziehung zum Büffel, den sie für Nahrung und Kleidung benötigten. Die Prärieindianer töteten nur, was sie brauchten. Manche Stämme baten das Tier mit einem Gebet um Verzeihung, ehe sie es erlegten.

▶ Eine Klappmaske der Kwakiutl aus dem Nordwesten. Wenn man sie aufklappt, kommt eine zweite Maske zum Vorschein. Diese Masken stellen Narren-Götter dar, die dem Stamm zeigen, dass die Welt nicht immer ist, wie sie erscheint.

Der Kampf ums Überleben

Den Indianern widerfuhr ein ähnliches Schicksal wie den Aborigines in Australien: Weiße Siedler nahmen ihnen ihre Heimat weg und zwangen sie, ihre Sprache, Lebensweise und Religion aufzugeben. Sie wurden in Reservate zurückgedrängt, die oft nur unfruchtbare Bruchteile ihrer ursprünglichen Stammesgebiete waren. Doch in den Stämmen haben sich bis heute traditionelle Zeremonien und Rituale erhalten, die an die jeweils nächste Generation weitergegeben werden.

Afrikanische Religionen

In Afrika sind Christentum und Islam weit verbreitet. Man nimmt an, dass daneben etwa 15 Prozent der afrikanischen Bevölkerung eine „eingeborene" Religion ausüben.

Schöpfungsgeschichten

Jeder Stamm hat seine eigene Schöpfungsgeschichte. Die Dinka im Südsudan erzählen beispielsweise von einer Frau, die versehentlich ein Loch in den Himmel stach, während sie den Boden hackte. Der Himmelsgott sandte in seinem Zorn Krankheit und Tod durch diesen Riss. Damit kam das Leid über die Welt.

Die Barotse in Sambia erzählen von einer Zeit, in der der Schöpfer Nyambi mit seiner Frau Nasilele und den Menschen, die er erschaffen hatte, glücklich auf der Erde lebte. Kamonu, der Führer der Menschen, war ehrgeizig und verärgerte die Götter mit seinen ungehörigen Taten so sehr, dass diese beschlossen, ihn und die Erde zu verlassen. Nyambi bat eine Riesenspinne um Hilfe, die ein Netz bis in den Himmel spann. Als Nyambi und Nasilele flohen, verfolgte Kamonu sie über einen hölzernen Turm, den er errichtet hatte. Dieser stürzte ein, sodass Kamonu und die Menschen auf der Erde zurückblieben und fortan die Götter nur noch als Sonne und Mond sahen.

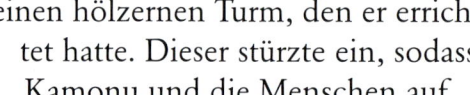

▲ Diese Batik stellt Eschu, den Narrengott Nigerias, dar. Wie bei den Indianern zeigen diese unberechenbaren Geister, dass die Welt unvorhersehbar und voller Überraschungen ist.

Weitere Götter

Die afrikanischen Stämme sind davon überzeugt, dass es hinter der Welt, die sie sehen, fühlen, hören und riechen, eine unsichtbare Geisterwelt gibt. Als Mittler zwischen diesen beiden Welten tritt der Schamane auf. Er wendet nicht nur die traditionelle Heilkunde an, sondern die Menschen glauben auch, dass er in Trance durch die Geisterwelt reist.

◄ In Kamerun führen die Tänzer beim Jujutanz als Waldgeister verkleidet die Geschichte von der Zerstörung der Wälder und der natürlichen Umgebung auf.

▶ In einigen Teilen Westafrikas hat jeder Mann einen eigenen Stuhl, der kunstvoll geschnitzt ist und einen Teil des Geistes von diesem Mann enthalten soll. Die Männer bringen ihren Stuhl oft zu Stammestreffen mit.

Daneben gibt es eine Reihe von Narrengöttern, die mit ihrem merkwürdigen und unerwarteten Handeln zeigen, dass die Welt, auch wenn sie einer Ordnung unterliegt, gleichzeitig chaotisch und voller Geheimnisse ist. Die Götter dienen für gewöhnlich einem höchsten Gott, der verschiedene Namen trägt. Bei den Dogon in Mali heißt er „Amma", bei den Igbo in Nigeria „Tschukwu", bei den Baluba in der Republik Kongo „Vidje Mukulu".

▲ Ein „ng'anga" oder Schamane behandelt in Sambia einen Patienten. Die Menschen führen einige Krankheiten auf die zerstörte Beziehung zwischen Mensch und Natur zurück. Der ng'anga versucht das Gleichgewicht wiederherzustellen, indem er höhere Mächte anruft.

Das Dorfleben

Gemeinschaftsgefühl und gegenseitige Hilfe sind in den afrikanischen Stammesgesellschaften überlebenswichtig. Ihre Welt ist ein Netzwerk aus Wechselbeziehungen, bei denen die Starken den Schwachen helfen, die Jungen die Alten beschützen und die Erwachsenen die Kinder unterrichten. Ein Sprichwort drückt es so aus: „Um ein Kind aufzuziehen, braucht man ein ganzes Dorf." Junge Männer und Frauen heiraten früh. Es wird erwartet, dass ein Ehepaar Kinder bekommt, weil es dadurch seiner religiösen Verpflichtung nachkommt. Die Geister der Toten, so glaubt man, leben weiter und besuchen hin und wieder die Erde. Manchmal steht vor einer Hütte ein kleiner Holzkäfig, in dem sich der Geist bei solch einem Besuch aufhalten kann.

Hinduismus

Das Wort „Hindu" leitet sich von „Sindhu" ab, das den Fluss Indus nord-westlich Indiens im heutigen Pakistan bezeichnet. Der Hinduismus ist untrennbar mit Indien verbunden und steht heute für eine Vielzahl religiöser Glaubensrichtungen und -praktiken, die sich über einen Zeitraum von 4500 Jahren auf dem indischen Subkontinent entwickelten. Die Bezeichnung „Hinduismus" ist eine Wortschöpfung des 19. Jh. Die Hindus haben viele verschiedene Bezeichnungen für ihre Religion. Eine davon ist „Dharma", ein Sanskrit-Wort mit zwei Bedeutungen. Es steht für das kosmische Gesetz, dem die gesamte Schöpfung unterliegt, und für das angemessene Verhalten, das dazu führt, dass man seine geistigen Ziele erreicht.

Der Hinduismus entstand in einer der ältesten Zivilisationen der Welt, doch anders als bei anderen Religionen gibt es keinen Stifter, Propheten oder Boten. Vielmehr haben sich Denken, Philosophie und Glaube nach und nach entwickelt. Der Hinduismus hat kein Glaubensbekenntnis mit Regeln und Glaubensinhalten, sondern ist vielmehr eine Lebensweise, die die Gläubigen von den weltlichen Bindungen befreien soll. Sie sollen das Wahre und Ewige schätzen lernen. Zwar verstehen sich acht von zehn Menschen in Indien (in dem rund 900 Millionen Menschen leben) als Hindus, doch unterscheiden sich der Zugang zur Religion und die Art der Religionsausübung zwischen den Landesteilen.

▶ Kühe gelten in Indien als heilig. Man sieht sie in Dörfern, Klein- und Großstädten häufig auf der Straße.

▶ Der Fluss ist bei den Hindus ein Lebenssymbol. Das Wasser strömt wie das menschliche Leben in einem Kreislauf von der Quelle über den Fluss ins Meer und über Wolken und Regen wieder zurück zur Quelle. Hier nehmen Pilger bei Varanasi als Ausdruck ihres Glaubens ein Bad im Ganges.

Der Glaube an die Reinkarnation

Die verschiedenen Hindu-Traditionen haben grundlegende Gemeinsamkeiten. Dazu gehört der Glaube an die Reinkarnation, daran also, dass die Seele des Menschen nach seinem Tod irgendwo in der Welt in einem neuen Körper wieder geboren wird; in welchem, entscheiden die guten (oder bösen) Taten im vergangenen Leben, das „Karma". Die Seelenwanderung und den immer währenden Kreislauf der Lebens von der Geburt zum Tod und weiter zur Wiedergeburt drückt der Begriff „Sansara" aus. Geistiges Ziel der Hindus ist es, von Leben zu Leben immer reiner zu werden, um zuletzt „Moksha" zu erreichen, die Erlösung aus dem Geburtenkreislauf und das Eingehen in die letzte Wirklichkeit der Ewigkeit. Diese Ewigkeit wird als „Brahman" bezeichnet.

Seit der Frühphase ihrer Entwicklung wird die Hindu-Gesellschaft in vier Klassen oder Kasten unterteilt: die „Varnas" (wörtlich: „die Farben"). Ganz oben stehen die „Brahmanen", die Priesterkaste. Ihnen untergeordnet sind die „Kshatriyas", die Krieger und Adligen, gefolgt von den Händlern und Bauern, den „Vaishyas". Zuunterst stehen die „Shudras", Arbeiter und Diener. Außerhalb der Kastensysteme stehen die „Parias", die „Unberührbaren". Sie waren früher sehr entwürdigenden Demütigungen ausgesetzt. Obwohl das moderne Indien ihr Leben deutlich verbessert hat, besteht die Ausgrenzung in vielen Bereichen fort und man begegnet den Parias noch immer vorwiegend mit Verachtung. Nur der Glaube an eine künftige Wiedergeburt, die sie auf der geistigen Leiter nach oben führt, hilft ihnen, ihr Los zu ertragen.

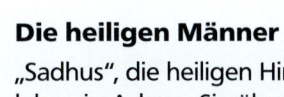

Die heiligen Männer

„Sadhus", die heiligen Hindu-Männer, leben in Askese. Sie üben sich in Selbstdisziplin und entsagen den sinnlichen Freuden, um größere geistige Kraft zu erlangen. Sie führen ein einsames Leben, wandern von Ort zu Ort und erbetteln, was sie zum Leben brauchen. Sie tragen nur wenige Kleider (manche überhaupt keine) und tun manchmal Buße, indem sie über längere Zeit fasten oder den Winter allein in einer abgelegenen Höhle in den Bergen verbringen. Die einfachen Inder achten die Lebensweise der Sadhus und bitten sie häufig zu ihrer eigenen Lebensführung um Rat. Ihre auffallende Erscheinung wird in Indien als völlig normaler Bestandteil des Alltags betrachtet. Das Geistige gehört in den Augen der meisten Inder untrennbar zum täglichen Leben.

Die Ursprünge des Hinduismus

Die Wurzeln des Hinduismus liegen in der Zivilisation, die sich vor rund 4500 Jahren im Industal entwickelte, einem schmalen Streifen fruchtbaren Landes, der sich vom Himalaja durch das heutige Pakistan bis zum Arabischen Meer erstreckt. Diese Zivilisation hatte ihre Blüte zwischen 2500 und 1500 v. Chr. und brachte eine hoch entwickelte Kultur hervor, die zwei Zentren hatte: Mohenjo Daro und Harappa.

Die frühe Geschichte

Archäologische Ausgrabungen im Jahr 1921 ergaben, dass Mohenjo Daro und Harappa, die ersten Städte des indischen Subkontinents, sehr groß und planvoll angelegt waren. Die Straßen verliefen schachbrettartig, die soliden Gebäude hatten hohe Schutzmauern. Außerdem kamen zahllose Tonfigurinen ans Licht, die eine Muttergöttin darstellten. Sie wurde wohl als Quell des Lebens und der Schöpfung angebetet und ist vielleicht eine Vorläuferin der Muttergöttin Mahadevi im klassischen Hinduismus.

Die vedische Zeit

Einige Historiker nehmen an, dass um 1500 v. Chr. Stämme, die sich selbst als „Arier" (wörtlich: „die Gastfreundlichen") bezeichneten, aus dem Kaukasusgebiet oder gar aus Mitteleuropa ins Industal vorgedrungen sind. Wirklich gesichert ist aber nur, dass die ältesten Texte der Hindus in einer Sprache, dem Sanskrit, überliefert sind, die mit den Sprachen im Westen von Indien (Iran, Griechenland und insgesamt Europa) verwandt ist. Die Wissenschaft geht deshalb von einer indoeuropäischen Sprachenfamilie aus.

Die Häuser hatten einen offenen Hof. Die dicken fensterlosen Wände sorgten im Haus für Kühle.

Die Häuser aus Ziegelsteinen, viele mit Getreidelager, hatten ein ausgeklügeltes Abwassersystem.

◀ Dieses Terrakottamodell aus Mohenjo Daro stellt wohl eine Muttergöttin dar, die Leben, Fruchtbarkeit und die Früchte der Erde verkörperte. Die Menschen verehrten sie, weil sie für sie sorgte.

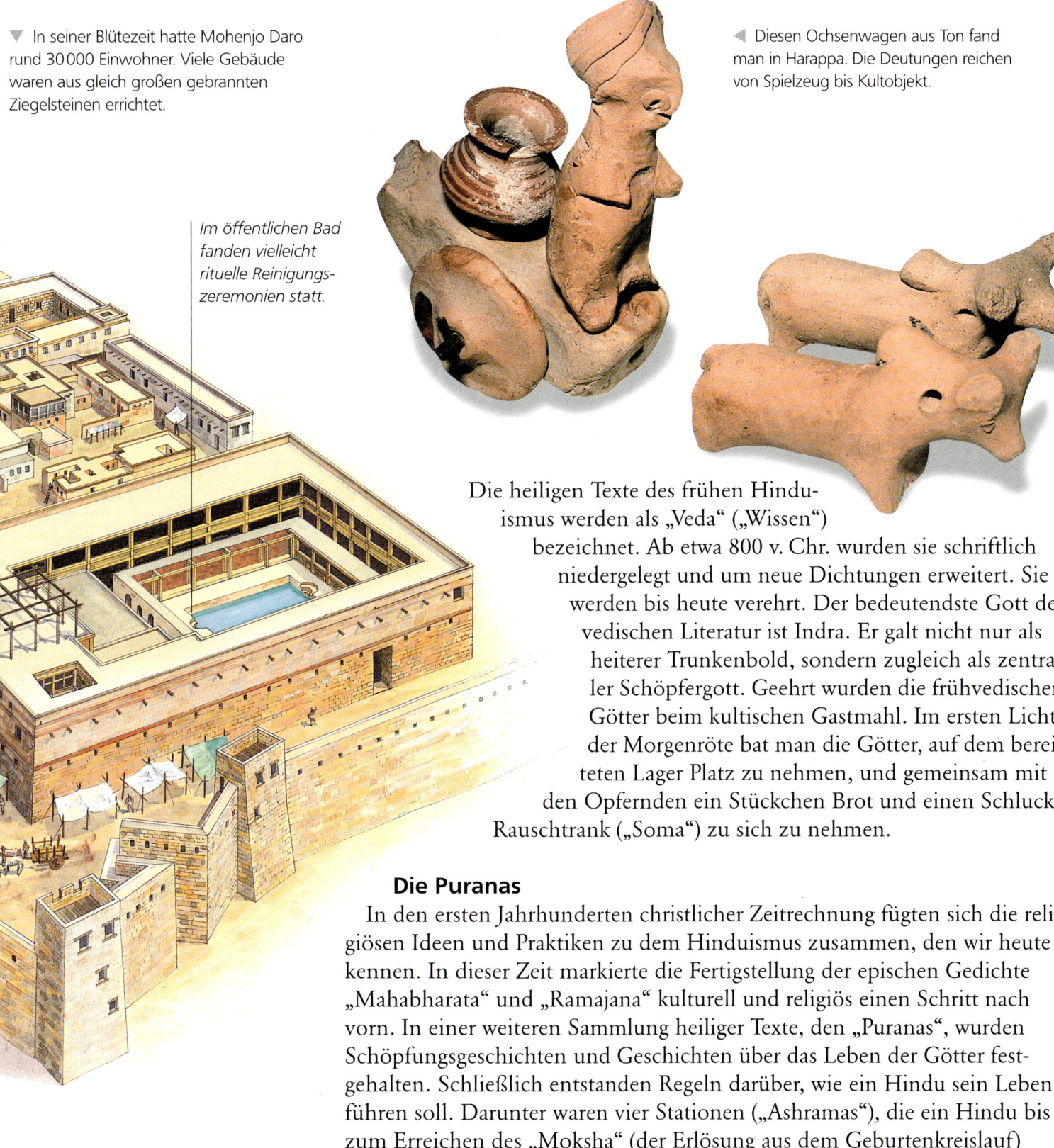

▼ In seiner Blütezeit hatte Mohenjo Daro rund 30 000 Einwohner. Viele Gebäude waren aus gleich großen gebrannten Ziegelsteinen errichtet.

Im öffentlichen Bad fanden vielleicht rituelle Reinigungs-zeremonien statt.

◄ Diesen Ochsenwagen aus Ton fand man in Harappa. Die Deutungen reichen von Spielzeug bis Kultobjekt.

Die heiligen Texte des frühen Hinduismus werden als „Veda" („Wissen") bezeichnet. Ab etwa 800 v. Chr. wurden sie schriftlich niedergelegt und um neue Dichtungen erweitert. Sie werden bis heute verehrt. Der bedeutendste Gott der vedischen Literatur ist Indra. Er galt nicht nur als heiterer Trunkenbold, sondern zugleich als zentraler Schöpfergott. Geehrt wurden die frühvedischen Götter beim kultischen Gastmahl. Im ersten Licht der Morgenröte bat man die Götter, auf dem bereiteten Lager Platz zu nehmen, und gemeinsam mit den Opfernden ein Stückchen Brot und einen Schluck Rauschtrank („Soma") zu sich zu nehmen.

Die Puranas

In den ersten Jahrhunderten christlicher Zeitrechnung fügten sich die religiösen Ideen und Praktiken zu dem Hinduismus zusammen, den wir heute kennen. In dieser Zeit markierte die Fertigstellung der epischen Gedichte „Mahabharata" und „Ramajana" kulturell und religiös einen Schritt nach vorn. In einer weiteren Sammlung heiliger Texte, den „Puranas", wurden Schöpfungsgeschichten und Geschichten über das Leben der Götter festgehalten. Schließlich entstanden Regeln darüber, wie ein Hindu sein Leben führen soll. Darunter waren vier Stationen („Ashramas"), die ein Hindu bis zum Erreichen des „Moksha" (der Erlösung aus dem Geburtenkreislauf) durchlaufen müsse: das Leben als Student, der die heilige Literatur liest; das Leben als Hausvater, der gesellschaftliche Verantwortung übernimmt; das Leben als Einsiedler, der über die wichtigen Dinge des Lebens nachdenkt; das Leben als Asket, der den Freuden der Welt entsagt.

Die Gottheiten

Die heutigen Hindus glauben an einen Gott als Quelle der Wirklichkeit und des Daseins. Sie bezeichnen ihren Gott als „Brahma", den Unsichtbaren, die allmächtige Kraft, die die gesamte Schöpfung hervorbringt und zu der sie eines Tages wieder zurückkehrt. Brahma ist geschlechts- und körperlos und man kann sich ihm nur über eine Reihe von männlichen und weiblichen Gottheiten nähern. Die Hauptgottheiten neben Brahma sind Vishnu, Shiva und die Göttin Mahadevi. Daneben gibt es viele weitere Gottheiten, darunter auch noch einige aus vedischer Zeit.

▼ Ganesha wird als Mann mit Elefantenkopf dargestellt. Ganesha huldigt man oft am Beginn einer Reise. Weil ihm nachgesagt wird, dass er Süßes mag, halten Ganesha-Statuen oft Süßigkeiten in den Händen.

▶ Hanuman ist der schlaue Affengott, der Rama zu Hilfe kam, als dieser gegen den Dämonen Ravana, König von Lanka, kämpfte. Hanuman wird als Beschützer verehrt.

Schon die vedische Epoche kannte eine Vielzahl von Göttern: Usas, Agni, Soma, Indra, Vishnu, Mitra, Varuna. Manche verkörpern Elemente der Natur. Agni zum Beispiel bedeutet „Feuer", Usas „Morgenröte". Andere stehen für abstrakte Begriffe: Varuna bedeutet „Gott wahre Rede", Mitra „Gott Vertrag". Wieder andere stehen für seelische Zustände.

Zusätzlich zu den Hauptgottheiten gibt es Nebengötter wie den Windgott Vayu und den Sonnengott Surya. Die Hindus glauben, dass sich in allem Lebendigen das Göttliche befindet. Daher verehren sie Tiere. In vier seiner Verkörperungen tritt der Gott Vishnu als Tier auf: als Fisch, als Schildkröte, als Eber und als Mannlöwe.

Zwei weitere Götter sind im Hinduglauben von besonderer Bedeutung: der Affengott Hanuman und Ganesha, einer der beiden Söhne des Shiva. Ganesha ist in Indien ein beliebter Gott. Man sagt, dass ihn sein Vater infolge eines Missverständnisses enthauptete. Als er seinen Irrtum erkannte, war er so verzweifelt, dass er versprach, ihm den Kopf des ersten Lebewesens zu geben, das ihm begegnete – und das war zufällig ein Elefant.

Ganesha, der als Beseitiger von Hindernissen gilt, wird auch als Gott der Gelehrsamkeit verehrt. Auf Abbildungen trägt er auf dem menschlichen Körper einen Elefantenkopf mit nur einem Stoßzahn.

Viele Hindus verehren ihre Lieblingsgottheit zu Hause in einem speziellen Schrein.

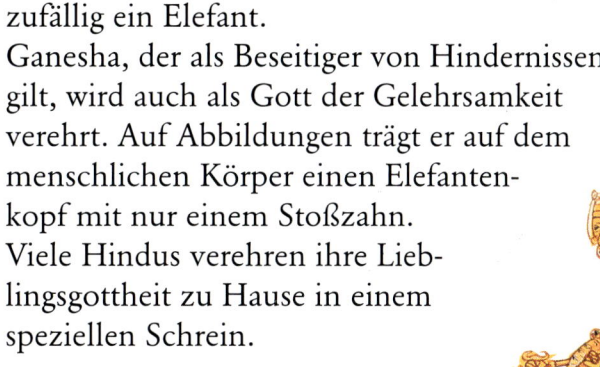

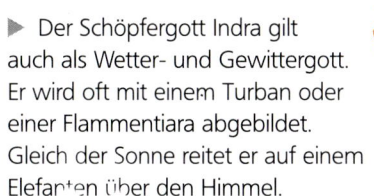

▶ Der Schöpfergott Indra gilt auch als Wetter- und Gewittergott. Er wird oft mit einem Turban oder einer Flammentiara abgebildet. Gleich der Sonne reitet er auf einem Elefanten über den Himmel.

Die heiligen Schriften

Die frühesten hinduistischen Schriften sind vier Textsammlungen, die „Veden" oder „Veda". Sie sind der erste Beleg für eine schriftliche Hindu-tradition. Der älteste Teil der Veda ist der „Rigveda". Er enthält über 1000 Hymnen in Sanskrit. „Rig-Veda" bedeutet „heiliges Wissen in Versen". Da man glaubte, diese Hymnen würden ihre Wirkung nur beim mündlichen Aufsagen entfalten, wurden sie lange nur auswendig gelernt und von Generation zu Generation überliefert. Erst etwa 700 Jahre nach ihrer Entstehung wurden Hymnen um 800 v. Chr. auch niedergeschrieben. Sehr viel später entstand eine wichtige Sammlung von eher philosophischen Texten, die „Upanishaden". In ihnen wird versucht, den Sinn des Daseins zu erklären und Antworten auf die großen Fragen des Lebens zu geben: woher wir kommen, warum wir da sind und was mit uns geschieht, wenn wir sterben. Die Veden und die Upanishaden gelten als Offenbarung Gottes bzw. der Götter, sodass nicht eine Silbe daraus geändert werden darf. Neben der Sammlung der „Puranas", die Geschichten vom Leben und den Abenteuern der Götter erzählt, gibt es zwei weitere wichtige Werke der Hinduliteratur: das „Mahabharata" und das „Ramayana".

▲ Eine Schlacht mit Streitwagen zwischen den Pandava-Brüdern Bhima und Ardshuna und dem Anführer der gegnerischen Truppen, Drona.

Das Mahabharata

Das „Mahabharata" wurde in seiner jetzigen Form im 3. oder 2. Jh. v. Chr. verfasst und ist mit seinen 200 000 Zeilen wahrscheinlich das längste Einzelgedicht der Welt. Das Epos erzählt vom Krieg zwischen den fünf Pandava-Brüdern, die der weitläufig mit ihnen verwandte Krishna unterstützt, und ihren 100 Cousins aus Kurukshetra nahe dem heutigen Neu-Delhi. Der lange und erbitterte Krieg wird von einem Streit darüber ausgelöst, wer der rechtmäßige Herrscher sei. Am Ende gewinnen die fünf Brüder; bedeutend sind vor allem die verschiedenen Haltungen der Brüder zum Kampf. Der dritte Bruder Ardshuna ist ein hervorragender Kämpfer, lehnt aber den Krieg ab. Im Lauf der Geschichte werden alle Aspekte des Hindulebens erörtert, darunter Recht, Politik, Geografie, Astronomie und Naturwissenschaften.

„Sie, die Schöne, geht an der Spitze, indem sie das Volk weckt, indem sie die Pfade leicht begehbar macht; ... die Hohe, die alles in Bewegung setzt – die Morgenröte hebt das Licht an den Anfang der Tage."

Auszug aus dem Rigveda zu Ehren der Usas, „Göttin Morgenröte"

▲ Das Ramayana hat über 50 000 Zeilen und entstand um 200 v. Chr. Es erzählt von den Abenteuern des Prinzen Rama von Ayodhya. Hier ist er mit seinen Brüdern und Gefährten zu sehen, nachdem er seine Frau Sita aus den Fängen Ravanas, des zehnköpfigen Riesenkönigs von Lanka, befreit hat.

▶ „Om" ist das heilige Wort für Gott und wird in Mantras und Gebeten häufig wiederholt. Im tiefen Summton soll es eine Verbindung zur göttlichen Macht herstellen.

Die Bhagavadgita

Ein wichtiger Abschnitt des Mahabharata bildet die „Bhagavadgita" (wörtlich: „Gesang des erhabenen Gottes"). Sie besteht aus einem Gespräch zwischen Ardshuna und seinem Wagenlenker (kein Geringerer als Krishna, eine Verkörperung Vishnus), und geht dabei auch den grundsätzlichen Fragen des Lebens auf den Grund. Es ist eine Meditation über die Natur Gottes und erforscht die Wege zur Erlösung (Moksha) durch Arbeit, Hingabe und Wissen. Während das Mahabharata bisweilen als Enzyklopädie des Hindulebens bezeichnet wird, gelten die 18 Kapitel des Bhagavadgita als „Bibel" des Hinduismus.

Die hinduistische Dreiheit

Die hinduistische Vorstellung von Gott verbirgt sich hinter dem Wort „Brahman", „Ursprung und Ursache allen Seins". Brahman wird in Form verschiedener Gottheiten verehrt. Die wichtigsten sind drei männliche Götter: Brahma, Vishnu und Shiva – die hinduistische Dreiheit. Brahma ist der Schöpfer, der die Welt erschaffen hat. Vishnu bewahrt das Leben und alle Lebewesen. Shiva ist der Zerstörer (auch als Herr der Zeit bekannt), der die Welt vernichtet. Der immer während Kreislauf aus Schöpfung, Erhaltung und Zerstörung bildet den Kern des Hindu-Glaubens. Das Leben hat im Grunde keinen Anfang und kein Ende. Der Anfang ist ein Ende, das Ende ein neuer Anfang.

Brahma, der Schöpfer

Da Brahma Herr der Schöpfung ist, steht er über der Verehrung durch den Menschen. Deshalb sind ihm nur wenige Tempel geweiht. Wenn er auf Gemälden oder in geschnitzten Bildwerken zu sehen ist, dann oft mit vier Gesichtern und acht Armen, manchmal auf einem Schwan oder einer Lotosblume sitzend.

▲ Brahma sitzt auf der Lotusblume, aus der er zur Zeit der Schöpfung geboren wurde. Seine Frau ist Saraswati, die Göttin der Gelehrsamkeit.

▼ Shiva, der Zerstörer, tanzt in einem Feuerring. Zu seinen Füßen liegt ein Dämon, den er getötet hat.

Vishnu, der Erhalter

Vishnu lenkt das menschliche Schicksal. Er erscheint in zehn Verkörperungen („Avataras"). Die beiden wichtigsten sind Krishna und Rama. Vishnu reitet auf Abbildungen oft hoheitsvoll auf seinem Adler Garuda über den Himmel. In der Hand hält er manchmal eine Scheibe, die die Sonne symbolisiert, oder eine Keule, die für die Macht der Natur steht.

▲ Junge indische Frauen beten an einem Schrein der Hindu-Muttergöttin Mahadevi.

Matsya, der Fisch, errettete die Menschheit aus den Fluten.

Narasimha, halb Mann, halb Löwe, besiegte böse Dämonen.

Rama kämpft gegen das Böse in der Welt; er hält Tugend und Gesetz aufrecht.

Parasurama (Rama mit einer Axt) besiegte die Kriegerkaste.

Kurma, die Schildkröte, trug die Welt auf dem Rücken.

Varaha, der Eber, hob die Erde auf seinen Hauern empor.

Vamana, der Zwerg, besiegte Dämonen.

Krishna ist ein berühmter Krieger, Lehrer und Liebhaber.

Kalki, die auf einem weißen Pferd erscheinen wird, wird noch kommen.

Buddha, „der Erleuchtete", ist der Stifter des Buddhismus.

▲ Die beschützende Kraft des Vishnu (in der Bildmitte in Form des Krishna mit seiner Geliebten Radha) erscheint in zehn Verkörperungen auf der Erde, die Böses in der Welt verhindern.

Shiva, der Zerstörer

In Shiva treffen alle Gegensätze aufeinander und werden aufgehoben. Denn Shiva wird zwar die Zerstörung der Schöpfung zugeschrieben, doch ist er auch für die Neuschöpfung verantwortlich. Shivas Frau erscheint in vielen Formen, die jeweils eine Seite ihres Charakters darstellen. Kali ist die Grimmige, von Totenschädeln umgeben und mit abgetrennten Köpfen und Gliedmaßen in den Händen. Parvati ist für ihre Freundlich-keit und Sanftheit bekannt. Sie ist oft mit Ganesha abgebildet, der einen Elefantenkopf mit nur einem Stoßzahn hat.

Der Gottesdienst

Der Gottesdienst heißt „Pudja" und wird von den meisten Hindus zu Hause durchgeführt. Ein Schrein der Lieblingsgötter, den Bilder oder Statuen („Murtis") zieren, dient diesem Zweck. Manche reichere Familien besitzen einen ganzen Raum als Schrein, in dem sie einzeln oder in der Familie beten.

Der Pudja beginnt mit dem einfachsten, aber wichtigsten Gebet („Mantra"): dem heiligen Wort Om, mit dem man die Verbindung zum Göttlichen herstellt. Dem folgen weitere Mantras aus den Schriften und ein Opfer (zum Beispiel Süßigkeiten, Geld, Obst) an einen bestimmten Gott.

Es gibt auch Gottesdienste im Tempel („Mandir"), die unter der Leitung eines Brahmanen aus der obersten Priesterkaste stattfinden. Die Hindus glauben zwar, dass ihr Gott überall ist, doch seine Wohnung ist der Tempel. Nur der Priester darf ins Allerheiligste kommen, das „Garbhagriha" („das innere Haus"). Vor dem Gottesdienst führen die Mitglieder der Gemeinde Reinigungsrituale durch, unter anderem das Waschen der Füße, das Spülen des Mundes oder die

▲ Die Kinder zünden beim Lichterfest Diwali Kerzen an.

▼ Frauen beim Gebet in einem Hindutempel auf der indonesischen Insel Bali.

Zubereitung besonderer Speisen. Der Priester leitet den Gottesdienst, indem er aus den heiligen Texten liest und Mantras spricht. Man zündet kleine Gebetslampen („Divas") an, und nach dem Gottesdienst teilen die Menschen das Essen, das zuvor gesegnet und ein Teil davon den Göttern geopfert wurde.

Die Pilgerreise

Die Pilgerreise („Jatra") an eine heilige Stätte ist ein wichtiger Bestandteil der hinduistischen Glaubensausübung. Sie gilt bereits als religiöser Akt. Es gibt viele Pilgerstätten in Indien. Besonders heilig sind Orte, die mit der Geburt oder dem Leben eines Gottes zu tun haben, zum

„Lichter werden entzündet in den Hinduhäusern, Lakshmi, die Göttin des Glücks, ins Haus zu geleiten."

Aus dem Mahabharata

Beispiel Ayodhya (Geburtsort des Gottes Rama), Varanasi („Stadt des Lichtes", Wohnort von Shiva) und Mathura (Geburtsort von Krishna).

Heilige Orte liegen meist an Flussufern, Küsten, Stränden oder auf Bergen. Flussübergänge versinnbildlichen sowohl den Übergang von einem Leben ins andere als auch den von Sansara zu Moksha, den jeder Hindu zu vollziehen hofft.

Der heiligste Fluss Indiens ist der Ganges, der nach der Flussgöttin Ganga benannt ist. Beim Bad im heiligen Wasser des Ganges gelten die Kastenunterschiede nicht; auf einer Pilgerreise sollen alle gleich sein. Im Wasser werden auch die Unreinen rein.

▲ Das Dassera-Fest findet im September oder Oktober statt. In Erinnerung an den Sieg Ramas, Lakshmans und Hanumans über den Dämonenkönig Ravana, von dem im Ramayana erzählt wird, werden Masken verbrannt.

▼ Beim Holi-Fest

Hindu-Feste

Holi: Bei diesem Fest im März treffen sich Menschen verschiedenster Herkunft und bewerfen sich gegenseitig mit einem farbigen Pulver, einem Fruchtbarkeitssymbol. Das Fest wird mit Freudenfeuern und Straßenfeiern begangen.

Shivaratri: Nationalfeiertag zu Ehren Shivas
Janmashtami: Der Geburtstag des Krishna im August

Dassera: Feiert den Sieg des Guten über das Böse (Oktober/November)

Ganesh Chaturthi: Der Geburtstag Ganeshas

Divali: Das Lichterfest im Oktober zu Ehren der sicheren Rückkehr Ramas aus dem Exil

Glaubensinhalte

Die vier Ziele im Leben

Im traditionellen Hinduismus gibt es vier große Ziele im Leben. „Dharma", das erste Ziel, besteht darin, Pflichten gemäß seiner Stellung im Leben zu erfüllen. Besonders wichtig ist, dass man freundlich zu anderen ist, die Wahrheit sagt, dem Nachbarn hilft, die Menschen liebt und bereit ist, für andere Opfer zu bringen. „Sanatana Dharma", der immer während Dharma, unterstreicht diese Vorstellung. Das zweite Ziel im Hinduleben ist „Artha", der Gewinn materiellen Wohlstands und das Streben nach rechtschaffenem weltlichen Erfolg. Das dritte Ziel ist „Kama", der Genuss redlicher Freude. Und das vierte ist „Moksha", die Erlösung von der Bindung an die Welt.

Die vier Kasten und die vier Lebensstufen

Die Hindugesellschaft ist in vier Varnas eingeteilt (Priester, Krieger und Adlige, Bauern und Händler, Diener und Arbeiter). Dieses Gefüge spiegelt im Glauben vieler Hindus die göttliche Ordnung wider. Nach hinduistischer Überzeugung muss jeder vier Lebensabschnitte durchlaufen („Ashramas") – als Brahmanenschüler, als Hausvater, als Einsiedler und als Asket.
Das Wort „Varnashramadharma" beschreibt die Hindus als Volk, das „dem Weg der vier Klassen und der vier Lebensabschnitte folgt".
Die vier Abschnitte sind die geistigen Meilensteine in der Zeit, die ein Hindu auf Erden verbringt. Die Rolle als Student ist so wichtig, weil sie die Bedeutung der Ausbildung und den Erwerb von Wissen für die Erleuchtung unterstreicht. Die Rolle des Hausvaters betont die Stellung der Familie im irdischen Leben. Im späteren Leben sollten sich Hindus als Einsiedler von der Welt abwenden und sich dann als Asketen in Erwartung des Todes vollständig aus ihr zurückziehen. Diese Abfolge wird nicht von jedermann befolgt, dient den Hindus jedoch als Ideal.

▲ Dies ist eines von zwölf großen, kunstvoll aus Stein gemeißelten Rädern (als Sinnbild für Sansara, das Rad des Lebens) am Tempel des Sonnengottes Surya in Konaraka an der Ostküste Indiens.

◄ Jungen rasiert man in einem Ritual das Haar als äußeres Zeichen für ein Entwicklungsstadium im Leben.

▲ Im Hinduglauben und in der Religionsausübung spielt das Ritual eine wichtige
Rolle. Hier gibt sich ein Paar vor der Ehe-
schließung verschiedene Versprechen.

„... das Ende der Weisheit
ist Brahman,
ohne Anfang,
der Höchste ...
er sieht alles,
er hört alles.
Er ist in allem und er ist."

Bhagavadgita 13, 12–13

Geburt und Wiedergeburt

Nach dem Hinduglauben be-
sitzt jedes Lebewesen eine ewige
Seele („Atman"), die viele Millionen Mal in vielen Millionen
Formen wieder geboren werden
kann. Das moralische Gesetz
des Universums ist Karma, das
kosmische Prinzip, dem die
Welt und alles Leben gehorchen.
Die zukünftige Existenz Atmans
wird vom Karma bestimmt:
Gute Taten in diesem Leben
garantieren einen Fortschritt
im nächsten.

Das Leben ist ein fortwährender
Kreislauf von Geburt, Tod und
Wiedergeburt („Sansara"). Wenn
ein Mensch stirbt, verlässt die
Seele den Körper und wird in einem anderen Körper (Mensch oder Tier)
wieder geboren.

Welcher Natur diese Wiedergeburt ist, hängt davon ab, wie gut oder
schlecht ein Mensch im vergangenen Leben gehandelt hat. Der lange
Kreislauf von Geburt, Tod und Wiedergeburt findet erst ein Ende, wenn
der Hindu Erlösung („Moksha") vom Sansara erlangt, indem er allem
weltlichen Glück entsagt hat. Dann kehrt seine Seele in die ewige Stille
des heiligen Brahman, die Göttlichkeit, zurück.

Dschainismus

Das leitende Prinzip des Dschainismus ist die Achtung vor dem Leben und allen Lebewesen. Der Überlieferung zufolge wurde die Religion im 5. Jh. v. Chr. von Mahavira („dem großen Sieger") im Gangesbecken in Nordostindien gestiftet. Wie sein Zeitgenosse Buddha stammte Mahavira aus einer im Kastensystem hoch stehenden Familie, entsagte aber im Alter von 29 Jahren seinem Reichtum und wanderte fortan bettelnd durchs Land. Unzufrieden mit dem immer währenden Kreislauf von Geburt, Tod und Wiedergeburt und mit den vorherrschenden religiösen Lehren suchte er durch Askese (den Verzicht auf materielle Annehmlichkeiten) Erleuchtung zu finden. Ehe er sein Zuhause verließ, soll er sich zunächst alle Haare ausgerissen haben. Nach zwölf Wanderjahren erreichte er durch Fasten und Meditation das vollkommene Wissen („Kevala"). Mahavira wurde erleuchtet und sammelte eine kleine Anhängerschar um sich. Dreißig Jahre lang lehrte und predigte er; dann hungerte er sich im Dorf Pava in der Nähe seines Geburtsortes zu Tode. Pava ist für die Dschainas noch heute eine wichtige Pilgerstätte.

Im Jahr 1975 setzten die Dschainas zum 2500. Jahrestag der Erleuchtung des Stifters Mahavira das Zeichen der offenen Hand als Symbol für ihre Religion ein.

Die Dschinas

Das Wort Dschainismus leitet sich von „Dschina" ab. Das ist ein Mensch, der sich von der Welt gelöst hat und durch Wissen und Erleuchtung ein „Sieger" ist. Es soll 24 Dschinas (oder „Tirthankaras", „Furtbereiter") gegeben haben, deren letzter Mahavira war. Diese geistlichen Führer waren in der Lage, eine „Furt über den Ozean der Wiedergeburt zu machen", auf dass die Menschen aus dem Kreislauf des Todes erlöst und von der Wiedergeburt befreit werden.

Die Mönche und Nonnen der Shvetambaras tragen einen Mundschutz, damit sie keine kleinen Insekten einatmen und töten.

◀ Alle 12 oder 13 Jahre wird bei einem Fest die riesige Statue des Bahubali mit Gaben (in diesem Fall mit kurkumagelbem Wasser) gesalbt. Die Statue, die 981 n. Chr. errichtet wurde, erhebt sich über der heiligen Stätte in Sravanabelagola im indischen Staat Karnataka.

▼ Eine Feier nahe Jabalpur in Indien

Die fünf großen Gelübde

Im Dschainismus legen die Mönche und Nonnen fünf große Gelübde ab („Mahavratas"), die ihnen auf dem Weg zur Erleuchtung helfen. Es sind: „Ahimsa" (keinem Lebewesen etwas zu Leide tun), „Satja" (die Wahrheit sagen), „Asteya" (nicht stehlen), „Brahmacharya" (in Keuschheit leben), „Aparigraha" (allen weltlichen Dingen und menschlichen Bindungen entsagen). Das Gelübde der Gewaltlosigkeit ist überaus wichtig im Dschainismus. Die Novizen erhalten einen Besen, mit dem sie kleine Tiere wegkehren, damit sie sie nicht versehentlich zertreten.

Um das 1. Jh. n. Chr. spaltete sich die Religion in zwei Sekten. Für die „Digambaras" („Luftgekleidete") bedeutete die völlige Aufgabe weltlichen Besitztums, dass sie auch der Kleidung entsagten und (Männer wie Frauen) unbekleidet lebten. Bei den „Shvetambaras" („Weißgekleidete") durften Mönche und Nonnen einfache weiße Kleidung tragen. Heute soll es etwa vier Millionen Dschainas geben, die meisten in Indien; sie sind vor allem Händler und Geschäftsleute.

Glaubensinhalte

Die Dschainas verehren keinen Gott. Sie lassen sich von geistigen Lehrern in Meditation und Selbstdisziplin unterweisen, die ihnen helfen sollen, zum Glück ewiger Freiheit zu gelangen. Dschainas üben sich in Askese, weil sie glauben, dass sie sich nur durch Unterdrückung ihrer Wünsche von der Welt frei machen können.

Eine wichtige Rolle spielt hier die Vorstellung des Karma, die sich von der des Hinduismus und Buddhismus unterscheidet. Für die Dschainas setzt sich das Karma aus vielen kleinen Teilchen zusammen, die an der Seele kleben, immer schwerer werden und die Seele belasten. Schlechte Taten führen ein schweres Karma herbei, das die Befreiung der Seele verhindert. Gute Taten dagegen „spülen" das Karma „frei", sodass sich die erlöste Seele („Siddha") zuletzt ins Universum erheben kann, wo sie in geistiger Freiheit ewig weiterlebt (Moksha).

▲ Diese meisterhafte Schnitzarbeit aus dem Dschaina-Tempel von Chaumukha stammt aus dem 14. Jh. n. Chr.

Das Karma

Jede Tat und jedes Wort erzeugt Karma. Im Glauben der Dschainas sind die wichtigsten Ursachen für schlechtes Karma die Bindung an Besitztümer, Gewalt, Hass, Stolz, Falschheit oder Gier sowie falscher Glaube.

Die Abkehr von materiellen Dingen dagegen kann anderen zugute kommen. Dschainas spenden deshalb für wohltätige Zwecke, zum Beispiel für den Bau von Tempeln, Krankenhäusern und Schulen. Der Dschainismus predigt Freundschaft mit allen Lebewesen, Menschen, Tieren und Pflanzen. Dschainas ernähren sich aus diesem Grund rein vegetarisch.

Dschainas sollen ihr geistiges Leben festigen, indem sie täglich meditieren und beim Pajjusana-Fest (August/September) einen ganzen Tag wie ein Mönch leben und sich auf ihren Glauben besinnen.

▶ Dschaina-Tempel sind architektonische Meisterwerke, meist kunstvoll verziert und geschnitzt, um die Verehrung für die heiligen Bilder („Pudjas") der Tirthankaras, die sich im Innern befinden, zum Ausdruck zu bringen. Dieser Tempel steht im indischen Staat Gujarat. Hier übt man stille Meditation oder spricht wiederholt ein Mantra (ein Wort oder eine Silbe mit geistiger Kraft). Außerdem schmücken die Gläubigen ein Bild mit Blumen oder salben es mit besonderen Flüssigkeiten.

▼ Viele Dschainas haben zu Hause einen Schrein für das tägliche Gebet. Sie stehen vor Sonnenaufgang auf und rufen die fünf höchsten Wesen an, die für die fünf Abschnitte auf dem Weg zur geistigen Befreiung stehen.

Sikhismus

Der Sikhismus wurde im 16. Jh. n. Chr. im Pundjabgebirge, das im heutigen Pakistan und Nordwestindien liegt, von Guru Nanak gestiftet. „Guru" bedeutet „Meister" oder „Lehrer". Zu dieser Zeit gab es Spannungen zwischen Hindus und Muslimen. Guru Nanak lehnte solche religiösen Konflikte ab und scharte eine kleine Gruppe von Anhängern um sich. Mit ihnen versuchte er sich Gott unmittelbar und ohne die vielen Rituale der Hindus und Muslime zuzuwenden. Er lehrte: „Die Hindus verehren Ram, die Muslime Rahim (= Allah), aber in Wahrheit gibt es nur einen Gott."
Nach Auffassung der Sikhs hat Gott die Welt erschaffen und alle Dinge in ihr, ist aber in der Schöpfung selbst nicht wahrnehmbar. Daher muss Gottes Wille durch weise und heilige Lehrer oder Gurus verkündet werden. Die Sikh-Religion kennt zehn menschliche Gurus – Guru Nanak und seine neun Nachfolger.
Die Bibel der Sikhs ist das „Adi-Granth", „das Buch vom Anfang". Es wird hoch geachtet und liegt tagsüber in den Tempeln, in wertvolle Tücher gehüllt, auf einem eigenen Tisch. Im Gottesdienst zitieren die Priester die heiligen Hymnen aus dem Adi-Granth.

Guru Nanak glaubte, dass wahre Gottesliebe ohne die Liebe zu den Menschen nicht möglich ist. Daher lehrte er, dass Männer und Frauen freundlich zu ihren Nachbarn sein und die Früchte ihrer Arbeit teilen sollen. Diese einfühlsame Haltung erstreckt sich auch auf Tiere: Es ist verboten sie zu quälen.
Am Anfang bildeten Guru Nanak und seine Schüler eine feste Gemeinschaft, die sich dem Gesang und der Meditation des göttlichen Namens („Nam") widmete. Die Hymnen des Guru Nanak leben heute in den Gebeten der Sikhs fort.

▲ Als Zeichen der Gleichheit essen die Sikhs oft gemeinsam in einem Esszimmer, das an den Tempel („Gurdwara") grenzt. Der Gurdwara ist außerdem ein Gemeindetreffpunkt und Zentrum für gemeinnützige Arbeit.

▲ Die meisten Sikhs leben heute im landwirtschaftlich geprägten Staat Pundjab im Nordwesten Indiens.

▶ Guru Nanak (1469–1539 n. Chr.) gründete die Sikh-Religion und war der erste von zehn Gurus (Lehrern). Aus wohlhabendem Hause stammend, hatte er im Alter von 30 Jahren eine religiöse Eingebung. Daraufhin wurde er Wanderprediger und ließ sich nach vielen, oft weiten Reisen zuletzt in Kartarpur im heutigen Pakistan nieder, wo er den ersten Sikh-Tempel errichtete.

Die zehn Gurus

Die Entwicklung des Sikhismus ist untrennbar mit dem Leben der zehn Gurus verbunden, die der Religion in den ersten zwei Jahrhunderten ihre Gestalt gaben.

Im 16. Jh. scharte Guru Nanak eine Gruppe von Anhängern um sich, die sich eine schlichtere, reinere, nicht von Ritualen überwucherte Gottesverehrung wünschten. Die Gruppe führte ein tief religiöses Leben, meditierte über den Namen Gottes und sang andächtige, von Nanak verfasste Hymnen. Die Gläubigen lebten in der Gemeinde und folgten drei grundlegenden Regeln: „kirt karo" („harte Arbeit"), „nam japo" („Verehrung des göttlichen Namens") und „vand cauko" („Teilen der Früchte aus der gemeinsamen Arbeit").

Die Gurus

Nanaks Nachfolger war Guru Angad (1504–1552), der die Schrift „Gurmukhi" in der Sprache des Pandschab verfasste. Der dritte Guru war Amar Das (1479–1574), der die Stadt Goindval im Pandjab gründete, wo die Sikhs zweimal im Jahr zusammenkamen, um den Glauben zu vertiefen. Der vierte Guru Ram Das (1534–1581) verlegte das geistliche Zentrum von Goindval in das heutige Amritsar, das nach dem von ihm im Teich von Amritsar begründeten Tempel benannt wurde.

Der fünfte Guru Ardshan (1563–1606), ein Sohn des Ram Das, vollendete schließlich den Bau des Goldenen Tempels. Guru Hargobind (1595–1644) gab der Gemeinde eine militärische Ordnung.

Ihm folgten Guru Har Rai (1630–1661), Guru Har Krishan (1656–1664), Guru Tegh Bahadur (1621–1675) und Guru Gobind Singh (1666–1708).

▲ Guru Gobind Singh, umgeben von seinen Söhnen. Er war der letzte menschliche Guru. Man ehrt ihn als Gründer der Khalsa und dafür, dass er als Guru die heilige Schrift der Sikhs einsetzte.

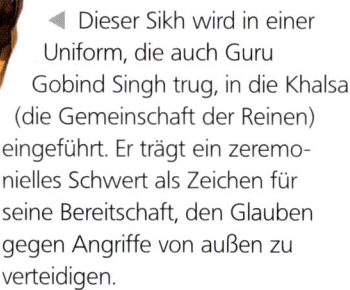

◀ Dieser Sikh wird in einer Uniform, die auch Guru Gobind Singh trug, in die Khalsa (die Gemeinschaft der Reinen) eingeführt. Er trägt ein zeremonielles Schwert als Zeichen für seine Bereitschaft, den Glauben gegen Angriffe von außen zu verteidigen.

▲ Sikh-Älteste tragen den Guru Granth Sahib zum Tempel.

Der Guru Granth Sahib

Dem zehnten und letzten leibhaftigen Guru Gobind Singh bringen die Sikh fast genauso viel Verehrung entgegen wie dem Stifter Guru Nanak. Er führte zwei wichtige Neuerungen ein, die das Selbstverständnis der Sikhs bis heute bestimmen. Die erste Neuerung war die Gründung der „Khalsa", der Gemeinschaft „reiner" Sikhs, die bereit waren, für ihren Glauben zu sterben. Sie wurden mit heiligem Wasser („Amrit") auf den Namen „Singh" („Löwe") getauft, Frauen auf den Namen „Kaur" („Prinzessin"). Sie trugen eine Uniform, die sie als tapfere Soldatenheilige auswies. Die zweite Neuerung war, dass nach ihm nicht die Person eines menschlichen Guru an der Spitze der Sikhs stand, sondern die heilige Schrift, „Adi-Granth". Seither bezeichnete man diese daher als „Guru Granth Sahib".

◀ Der Guru Granth Sahib, auch Adi-Granth („das erste Buch"), ist die heiligste Schrift der Sikhs.

Die heilige Stadt Amritsar

Amritsar ist die heilige Stadt der Sikh im Pandjab, das im Nordwesten Indiens und in Pakistan liegt. Hier wurde im Jahr 1601 unter dem fünften Guru Ardshan der Goldene Tempel fertig gestellt, in der Sprache des Pandjab „Harimandir Sahib" („Haus Gottes"). Er steht in einem heiligen Teich und ist das Heiligtum der Sikhs. Tagsüber beherbergt es die heilige Schrift, den Guru Granth Sahib. Nachts wird das heilige Buch im Akal Takht, einem nahe gelegenen Gebäude, untergebracht. Während der Goldene Tempel dem Gebet dient, ist der Akal Takht der Sitz der weltlichen Macht, eine Art Parlaments- und Konferenzgebäude, in dem politische und gesellschaftliche Fragen erörtert werden.

Das Gebet im Goldenen Tempel beginnt um vier Uhr morgens, eine Stunde, bevor der Guru Granth Sahib in den Tempel gebracht wird, wo er bis Mitternacht bleibt. Den ganzen Tag über werden Hymnen („Kirtan") aus den Schriften gesungen. Ständig strömen Gläubige und Pilger in den Tempel. Im frühen 19. Jh. wurden die beiden oberen Stockwerke des Tempels mit Blattgold belegt. Der bei Touristen übliche Name „Goldener Tempel" geht auf diese Zeit zurück.

„Über die Taten aller Lebewesen wird in Gottes Gericht gerecht und wahrhaftig geurteilt."

Guru Granth Sahib

Zwar ist der Tempel ein Ort der Andacht, doch gehören zu dem riesigen Gebäudekomplex auch Gästehäuser, Konferenzräume, Kantinen, Wachtürme, Klöster und ein Museum. Am Eingang zum Tempelbezirk befindet sich das Tor „Darshani Deorhi". Darüber sind die goldenen Spaten aufbewahrt, mit denen der Teich angeblich ausgehoben wurde. Vor dem Tor steht ein Kardamombaum, an dem ein kleiner Schrein den Platz markiert, an dem Guru Ardshan gesessen und die Aushubarbeiten überwacht haben soll.

◄ Bilder der zehn Gurus und andere religiöse Souvenirs werden zu Hunderttausenden an die Besucher verkauft, die Jahr für Jahr zum Goldenen Tempel pilgern.

◄ ▼ Der Goldene Tempel, der am Tag die heilige Schrift der Sikhs, den Guru Granth Sahib, beherbergt. Er ist das größte Sikh-Heiligtum. Besucher und Pilger erreichen den Tempel über einen 60 Meter langen Damm, der über den Teich der Unsterblichkeit führt. Bereits der Weg über den Teich zum Tempel ist ein feierlicher religiöser Akt.

Um die Tempelanlage gab es viele Konflikte. Im 18. Jh. fanden dort Kämpfe zwischen Sikhs auf der einen und Mogulen und Afghanen auf der anderen Seite statt. Zuletzt stürmten indische Sicherheitseinheiten 1984 den Goldenen Tempel und erschossen einen Sikh-Aktivisten, der eine Unabhängigkeitsbewegung anführte. In den darauf folgenden Kämpfen wurde der Akal Takht zerstört und musste neu aufgebaut werden. Im selben Jahr starb die indische Premierministerin Indira Gandhi bei einem Racheattentat, das wiederum ein Sikh-Massaker auslöste und jahrelange Kämpfe zwischen den indischen Truppen und den Unabhängigkeitskämpfern der Sikh nach sich zog.

▶ Eine Sikh-Frau liest in der heiligen Schrift Guru Granth Sahib.

Das Leben als Sikh

Der Turban, das auffälligste Merkmal der Sikh-Kleidung, ist nur ein Element der traditionellen Bräuche und Glaubenspraktiken. Wenn ein Mann in die Khalsa eingeführt wird, also ein vollwertiges Mitglied der Sikh-Religion wird, muss er die fünf „K" tragen – in der Pundjab-Sprache beginnen alle fünf Wörter mit K: „Kesh", ungeschnittenes Haar mit einem Turban darüber, „Kirpan", ein langes Schwert als Zeichen des Widerstands gegen das Böse, „Kara", ein Armreif aus Stahl, der die Treue zu Gott versinnbildlicht (ursprünglich war er ein Schutz für den Schwertarm), „Khanga", ein Kamm, der für Körperhygiene steht, und „Kach", knielange Bundhosen, die Reinheit symbolisieren. Fleisch, das nach muslimischer Art geschlachtet wurde, Tabak und Alkohol sind verboten, ebenso Stehlen, Glücksspiel und eheliche Untreue. Ein Sikh sollte früh aufstehen, baden, dann über den Namen Gottes meditieren („Nam"). Er sollte jeden Tag in den Schriften lesen oder daraus vortragen und, wenn möglich, an einem Gottesdienst („Sangat") im Tempel („Gurdwara") teilnehmen, wo er den Worten der Gurus lauschen und gemeinnützige Arbeit verrichten kann. Im Mittelpunkt des Gottesdienstes steht die heilige Schrift Guru Granth Sahib. Mitglieder der Gemeinde müssen vor ihr niederknien und dürfen sich ihr nur barfuß und mit Kopfbedeckung nähern. Bei besonderen Anlässen leitet der Tempelaufseher, der „Granthi", den Gottesdienst. Während er die heiligen Worte laut liest, schwenkt er eine Art Fächer oder Wedel („Chauri"), häufig aus Pfauenfedern, über den Text, damit keine unreinen Fliegen das Buch berühren. Nach dem Vortrag der Hymnen spricht die Gemeinde gemeinsam Gebete („Ardas").

▲ Bei der Hochzeit trägt die Braut oft traditionelles Pundjab-Rot. Das Paar erhält Geldgeschenke und um die Ehe zu segnen, werden Passagen aus dem Guru Granth Sahib gelesen.

◄ Dieser Sikh trägt die traditionellen fünf K: Kesh, Kirpan, Kara, Khanga und Kach.

▶ Das Khanda ist das Zeichen für die Sikh-Religion. Das Schwert in der Mitte symbolisiert den Glauben an einen Gott. Die beiden äußeren Klingen stellen die geistliche und die weltliche Macht dar.

Der Guru Granth Sahib spielt auch bei Familienfeiern eine Rolle. So wird etwa nach der Geburt eines Kindes das Buch beliebig aufgeschlagen und der erste Buchstabe der ersten Hymne auf dieser Seite gibt den Anfangsbuchstaben des Namens vor. Bei einer Hochzeitszeremonie („Anand karaj") gehen Braut und Bräutigam viermal um das heilige Buch herum, um auszudrücken, welch wichtige Rolle es in ihrem gemeinsamen Leben spielen wird. Der „Kirtan Sohila", ein Abschnitt der Schrift, wird bei Beerdigungen gelesen. Der Verstorbene wird mit den traditionellen fünf K ausgestattet und meist am Tag nach seinem Tod eingeäschert. Bei einer Geburt, einem Todesfall oder einer Heirat halten die Sikhs oft einen „Akhand path" ab, eine Lesung des Guru Granth Sahib, die 48 Stunden ohne Unterbrechung andauert und am Abend des Tages endet, an dem das Ereignis begangen wird.

▶ Dieses junge Mädchen trägt auf dem Fest zum Geburtstag des Guru Gobind Singh das traditionelle Gewand.

Sikh-Feste

Dezember/Januar: Geburtstag des Guru Gobind Singh

Hola Mohalla: Markt im Februar in Anandpur zu Ehren des Guru Gobind Singh

Baisakhi: Feier im April in Erinnerung an die Gründung der Khalsa

August: Feier zur Vollendung des Guru Granth Sahib

Oktober: Geburtstag des Guru Nanak

Divali: Hindufest, mit dem die Sikhs die Freilassung des Guru Hargobind aus dem Gefängnis feiern.

Buddhismus

Der Buddhismus nahm um 450 v. Chr. im Nordosten Indiens seinen Anfang. Er gründet auf den Lehren des Siddharta Gautama, später als „Buddha" bezeichnet („der Erleuchtete"). Der Buddhismus ging aus anderen religiösen Ideen der Zeit hervor, besonders dem Brahmanismus. Buddha verwarf wiederholt die Lehren anderer oder deutete sie um. Sein eigener Ansatz war in vielerlei Hinsicht ganz neu. Das Leben, so sagte er, befinde sich ständig im Wandel und die Menschen sollten ihr Heil nicht in Wohlstand oder Besitztümern, Schönheit oder Berühmtheit suchen, denn all dies sei vergänglich. Stattdessen sollten die Menschen die Dinge sehen, wie sie wirklich seien. Indem sie sich frei machten von Gier, Egoismus, Unwissenheit, Ärger, Furcht, Leidenschaft und allem, was an die Welt des falschen Scheins kettet, näherten sie sich dem Zustand der Erleuchtung, dem „Nirvana".

▼ Dieser ruhende Buddha befindet sich in Bangkok (Thailand). Buddha lehrte, dass er nicht der einzige „Erleuchtete" sei. Vor ihm habe es viele Buddhas gegeben und ihm würden viele folgen. Ziel des Lebens sei es, danach zu streben, selbst ein Erleuchteter, ein Buddha, zu werden.

Nach seiner eigenen Erleuchtung wanderte Buddha mit einer kleinen Anhängerschar von Ort zu Ort. Nur in der Regenzeit ließ er sich an einem Ort nieder und gründete eine festere Gemeinde. Aus dieser Gemeinde („Sangha") entstand das Klosterleben, das bis heute überall auf der Welt im Buddhismus gelebt wird.

Der Buddhismus breitete sich in die Nachbarländer aus, insbesondere nach China und Japan, und gelangte während der Kolonialzeit auch in den Westen. Seither gibt es in vielen europäischen Ländern buddhistische Gemeinschaften. Einige unterhalten eigene Klöster.

Das Karma

Die Buddhisten verehren nicht eine Person oder einen Gott. Ihr Denksystem, ihre Meditationen und geistigen Übungen beruhen auf Buddhas Lehren, dem „Dharma". Die Lehrgedichte wurden zu Anfang nur mündlich überliefert und erst im 1. Jh. v. Chr. schriftlich auf getrockneten Blättern der Talipot-Palme niedergelegt. Der Buddhismus lehrt, dass alle Gedanken Folgen für uns und andere haben. Das Gesetz von Ursache und Wirkung, das „Karma" genannt wird, besagt, dass gute Taten, Worte und Gedanken eine Wiedergeburt in ein besseres Leben zur Folge haben. Umgekehrt werden die, die ihre persönliche Verantwortung für ihre Taten nicht annehmen, bei ihrer Wiedergeburt weiter vom Ziel des Nirvana entfernt sein als zuvor. Gläubige Buddhisten befolgen fünf Grundregeln: Sie töten nicht, stehlen nicht, lügen nicht, begehen keinen Ehebruch und meiden Drogen und Alkohol. Als moralische Richtlinien lehrte Buddha Mitleid und Freundlichkeit gegenüber allen Wesen, die Tiere eingeschlossen.

▲ Das Klosterleben spielt im Buddhismus eine wichtige Rolle. Die Mönche leben nach strengen Regeln. Sie dürfen kaum etwas besitzen und sind auf mildtätige Gaben angewiesen. Als Gegenleistung unterrichten und beraten sie die Menschen in Lebensfragen.

▶ Der Buddhismus nahm in Indien seinen Anfang und breitete sich in benachbarte Länder und noch weiter aus. Weltweit gibt es über 300 Millionen Anhänger. Dieser Buddha auf dem Türkisthron stammt aus der chinesischen Ming-Dynastie (1368–1644).

Das Leben des Buddha

Die exakten Lebensdaten von Buddha sind nicht zu bestimmen. Man geht aber davon aus, dass der historische Stifter des Buddhismus, Siddharta Gautama, etwa zwischen 560 und 480 v. Chr. lebte. Siddharta Gautama stammte aus einer wohlhabenden Familie und führte ein privilegiertes Leben. Im Alter von 29 Jahren sollen ihn Begegnungen mit Krankheit, Altern, Tod und Verfall veranlasst haben, seine geistige Suche aufzunehmen. Der Überlieferung zufolge traf er einen heiligen Mann, der trotz seiner Armut glücklich war. Dies veranlasste Siddharta Gautama zu der Überzeugung, dass er von nun an den Weg zu wirklicher Erkenntnis gehen müsse. Er verließ sein reiches Zuhause und seine Familie und zog auf der Suche nach Erkenntnis und Erlösung als wandernder Asket in Armut durch Nordindien.

◀ Buddha soll unter einem Bodhi-Baum, dem Baum der Erleuchtung, das Nirvana erlangt haben.

„Ich bin ist eine Einbildung.
Ich bin nicht ist eine Einbildung.
Ich werde sein ist eine Einbildung.
Ich werde nicht sein ist eine Einbildung.
Diese Einbildungen sind eine Krankheit.
Wer aber alle Einbildungen überwindet,
wird als stiller Denker bezeichnet."

Worte des Buddha

Die vier edlen Wahrheiten

Sechs Jahre, so die Überlieferung, soll sich Siddharta Gautama strengem Fasten unterzogen haben. Gesundheitlich angeschlagen und ausgemergelt habe er dann erkannt, dass dieser Weg nicht zum Ziel führe. Von nun an beschritt er den so genannten „mittleren" oder „edlen, achtfachen Pfad". Der Weg zum Heil führt demnach über 1. rechte Anschauung, 2. rechte Gesinnung, 3. rechtes Reden, 4. rechtes Handeln, 5. rechtes Leben, 6. rechtes Streben, 7. rechtes Überdenken, 8. rechtes Sich-Versenken. Zum Buddha, „dem Erleuchteten", sei Siddharta Gautama dann unter einem Feigenbaum geworden. In tiefer Meditation versunken habe er dort den Zustand vollkommener Erkenntnis und vollkommener Ruhe („Nirvana")

▲ Diese Statue zeigt Buddha vor seiner Erleuchtung. Er ist abgemagert und schwach.

▶ Die Lehre des Buddha wird oft als Rad abgebildet (hier in seiner linken Hand). In seiner ersten Predigt in Benares erklärte er, er setze das „Rad der Lehre" in Bewegung.

Die vier edlen Wahrheiten

Alles Leben ist Leiden („Dukkha").

Die Ursache des Leidens ist der Durst („Tanha"), das Haften am Leben.

Die Überwindung des Leidens geschieht durch die Überwindung des Durstes.

Der Weg zur Überwindung des Leidens ist der edle achtteilige Pfad.

Der edle achtteilige Pfad

Jeder dieser acht Schritte ins Nirvana beginnt mit dem Wort „samma" („recht").

Rechte Anschauung
Rechte Gesinnung
Rechtes Reden
Rechtes Handeln
Rechtes Leben
Rechtes Streben
Rechtes Überdenken
Rechtes Sich-Versenken

erfahren. Dort habe Buddha auch die so genannten „vier edlen Wahrheiten" erkannt – den Kern der buddhistischen Lehre. In den folgenden 45 Jahren reiste er kreuz und quer durch Indien und führte das Leben eines Bettlers und Lehrers. Buddha starb mit etwa 80 Jahren bei Kusinara. Er sagte unter anderem: „Weint nicht. Habe ich euch nicht gesagt, dass es in der Natur aller Dinge ist, so lieb sie uns auch sein mögen, dass wir uns von ihnen trennen und sie verlassen müssen?"

Die Entwicklung des Buddhismus

Nach dem Tod Buddhas beschlossen seine Anhänger, seine Lehren möglichst getreu zu bewahren. Schon unmittelbar nach Buddhas Tod wurde dazu ein erstes Konzil einberufen. Auf weiteren Konzilien in den folgenden Jahrhunderten gelang es, die Lehrgedichte Buddhas zu ordnen und zusammenzufassen. Dadurch entstand der so genannte „Pali-Kanon", der im 1. Jh. schriftlich niedergelegt wurde und in Abschriften bis heute erhalten ist.

Der Pali-Kanon besteht aus drei Teilen, die „Pitaka" („Körbe") genannt werden. Die gesamte Sammlung heißt daher „Tripitaka" („Dreikörbe"). Das Sutta-Pitaka, „Korb der Lehrreden", enthält die Lehren Buddhas. Das Vinaya-Pitaka, „Korb der Ordensdisziplin", enthält weiteres Material über Buddha und legt die Regeln für die Ordensgemeinschaft der Mönche fest. Das Abhidhamma-Pitaka, „Korb der höheren Lehre", richtet sich an die Gelehrten.

Zwei Denkschulen

Nur die Theravada-Buddhisten halten sich streng an den Pali-Kanon. Sie gelten als die „Schule der Alten" und finden sich vor allem auf dem heutigen Sri Lanka, in Thailand, Myanmar, Laos und Kambodscha. Der Theravada-Buddhismus wird auch als „Hinayana" („Kleines Fahrzeug") bezeichnet. Ihm steht der Mahayana-Buddhismus gegenüber („Großes Fahrzeug"), der die alte Lehre in vielfältiger Weise überformte. Den Theravada-Buddhismus kennzeichnet insbesondere das Ideal vom „Arhat". Das ist eine Person, die durch die Lehren eines anderen Erleuchteten (eines Buddha) erleuchtet worden ist. Die Theravaden glauben, dass nur Mönche solch ein Stadium erreichen können, und verbringen daher einen Teil ihres Lebens im Kloster, um sich dort dem Studium der Lehre und der Meditation zu widmen.

▲ Eine Seite aus einer chinesischen Übersetzung des so genannten „Diamant-Sutta". Diese Version erschien im 9. Jh. n. Chr. und ist das älteste gedruckte Buch der Welt. Der Diamant-Sutta gehört zu einer Sammlung von Mahayana-Schriften.

◄ Die Lotusblume, eine Wasserlilie, die im Schlamm wurzelt, ist im Buddhismus ein beliebtes Symbol. Sie steht für den Glauben, dass die Erleuchtung (die Blume) inmitten menschlichen Leids (Schlamm und Schlick unter Wasser) möglich ist.

▲ Nach dem Glauben der Buddhisten liegen in den Stupas (alten Begräbnishügeln) Reliquien heiliger Männer aus der Frühzeit des Buddhismus oder gar des Buddha selbst. Viele Stupas wie diese in Nepal sind heute wichtige Wallfahrtsstätten.

Der Mahayana-Buddhismus ist heute in Nepal, Tibet, China, Vietnam, Korea und Japan verbreitet. Die Mahayana-Buddhisten glauben, dass jeder Erleuchtung erlangen kann. Für sie ist die Vorstellung des „Bodhisattva" wichtig, eines halb-göttlichen Wesens, das erleuchtet ist, aber freiwillig dem Nirvana entsagt hat, um auf der Erde anderen zu helfen. Überirdische Götter mit Wunderkräften stehen den Menschen bei, wenn sie angerufen werden.

Im 1. Jt. verbreitete sich der Buddhismus von Indien aus in fast allen Ländern Ostasiens; bis zum 11. Jh. hatte der Buddhismus in Indien wieder an Bedeutung und Einfluss verloren.

„Wenn ich diese höchste vollkommene Weisheit erlange, werde ich alle fühlenden Wesen in den ewigen Frieden des Nirvana befördern."

Worte Buddhas
aus dem Diamant-Sutta

Formen des Buddhismus

Der Buddhismus breitete sich über Indien hinaus nach Zentral- und Südostasien aus und passte sich der Kultur des jeweiligen Landes an. So entstanden verschiedene Spielarten der buddhistischen Religion. Besonders die Mahayana-Tradition hat viele Varianten.

Der chinesische Buddhismus

Der Buddhismus erreichte China im 1. Jh. n. Chr. und wurde neben dem Konfuzianismus und dem Taoismus praktiziert. Im 4. Jh. n. Chr. waren bereits viele Texte aus dem Sanskrit ins Chinesische übersetzt und viele Bodhisattvas hatten eine chinesische Entsprechung. Aus Avalokiteshvara etwa, dem Bodhisattva für Mitleid, wurde Kuanyin (in Gestalt einer jungen Frau, die bereit ist, Menschen in Not zu helfen).

Der tibetische Buddhismus

In Tibet entstanden eigene Formen des Buddhismus. Man nennt sie Vajrayana-Buddhismus („Diamantenes Fahrzeug"). In ihnen sind Züge des Mahayana-Buddhismus mit Praktiken der Magie und des Kults vereint. Der Vajrayana-Buddhismus fußt auf alten Texten, den „Tantras", und wendet rituelle Praktiken wie Meditation und den Gesang von Mantras an (Worte, denen man große Kräfte zuspricht). Die bekannteste der vielen Schulen des tibetischen Buddhismus ist die „Tugendsekte" des Lamaismus (deren Anhänger auch als „Gelbmützen" bezeichnet werden). Diese Klostertradition betont die Bedeutung lebender Lehrer („Lamas"), die die Novizen („Neulinge") in die buddhistische Gedankenwelt einführen. Der Führer dieser Schule ist der Dalai Lama („Lama so groß wie der Ozean"), der eine Reinkarnation des Bodhisattva Avalokiteshvara sein soll. Wenn der Dalai Lama stirbt, suchen die anderen Lamas nach einem Kind, das sie als Reinkarnation des „Mitleidigen" erkennen und das dann zum nächsten Dalai Lama wird. Nach der Besetzung Tibets im Jahr 1951 versuchten die Chinesen, die Klöster in ihre Macht zu bekommen. Bis heute kämpft der tibetische Buddhismus um die Erhaltung seiner Traditionen.

▲ Der 14. Dalai Lama, hier beim Empfang gläubiger Kinder, floh 1959 aus Tibet, weil er und seine Anhänger fürchteten, von den Chinesen verfolgt zu werden.

◀ Das Rad ist im Buddhismus ein wichtiges Symbol. Es versinnbildlicht den Kreislauf aus Geburt, Tod und Wiedergeburt. Die zwölf Speichen stehen auch für die vier edlen Wahrheiten und den edlen achtteiligen Pfad.

Der japanische Buddhismus

Japan erreichte der Buddhismus im 6. Jh. n. Chr. über China und Korea. Die bekannteste Schule des japanischen Amida-Buddhismus ist „Dschodo-Schu" („Reines Land"). Ihre Grundlage ist ein Mahayana-Text, der von einem Buddha namens Amitabha (oder Amida) in einer fernen Welt, dem Reinen Land, erzählt. Der Glaube an den Amida-Buddha und die Meditation über seinen Namen führt, so glaubt man, zu einer Wiedergeburt in einem himmlischen Land, in dem das Nirvana leicht zu erlangen ist. Die im Westen bekannteste Schule ist allerdings der Zen-Buddhismus, dessen Name sich aus dem chinesischen „Ch'an" („Meditation") ableitet. Der Zen-Buddhismus stellt Meditation und Intuition über das Gebet und betont das Studium als Weg zur plötzlichen Erleuchtung („Satori"). Das Nirvana kann auch über „Zazen" (im Lotussitz verharrend) erlangt werden oder durch „Koan", die Antwort auf rätselhafte Fragen. Der Zweck solcher Rätsel (etwa „Wie klingt es, wenn eine Hand klatscht?") ist es, den Schüler zu überraschen und die gewohnten Denkmuster, die eine Erleuchtung verhindern, zu durchbrechen.

▲ Mandalas gelten als Karten des Kosmos. Sie sollen geistige Energie besitzen und dienen im Tantrismus als Meditationshilfe. Sie können gemalt, geschnitzt oder, wie dieses hier, aus Sand gefertigt sein.

◄ Der Zen-Garten dient oft der Meditation. Das schlichte Muster, in den Sand geharkt, deutet die natürlichen Formen von Flüssen, Bergen und Wellen an.

Buddhistische Klöster

In einigen asiatischen Ländern, etwa Thailand, schickt man Jungen schon im Alter von acht Jahren ins Kloster, damit sie buddhistische Mönche werden. Das Leben dieser Novizen ist einfach und hart. Am Morgen werden sie um fünf Uhr von einer Glocke geweckt und verbringen die nächsten beiden Stunden bis zum Frühstück in stiller Meditation. Nach dem Frühstück mit Reis und Obst folgen Gebete, die bis neun Uhr andauern. Den restlichen Vormittag verbringen die jungen Mönche im Klassenzimmern, wo sie die heiligen Schriften des Buddhismus Wort für Wort auswendig lernen. Auf das Mittagessen folgt ein Gespräch, in dem sich die Novizen in Gruppen eine Stunde lang gegenseitig in den Schriften und in Philosophie abfragen. Am Nachmittag findet noch einmal Unterricht statt und zwischen fünf und halb sieben eine weitere Abfragestunde. Nach dem Abendessen üben sie eine Stunde lang heilige Texte, die sie am Vormittag auswendig gelernt haben. Danach dürfen die Mönche ins Bett gehen oder noch einmal meditieren.

▲ Ein älterer Mönch unterrichtet in einem Kloster in Myanmar zwei Novizen (junge Mönche).

Nach tibetischem Glauben werden die goldenen Türmchen auf dem Dach das Gebäude über dem Wasser halten, wenn dereinst die große Flut das Land überschwemmen wird.

▶ Der Potala war der Mittelpunkt des tibetischen Buddhismus, einer Religion mit weltweit etwa 14 Millionen Anhängern. Er wurde auf einem Felsen nahe der tibetischen Hauptstadt Lhasa errichtet und war Sitz des Dalai Lama, des geistlichen Führers der tibetischen Buddhisten.

Das Grabmahl des fünften Dalai Lama (1617–1682) wurde mit Juwelen und Goldvasen, Türkisen, Rubinen, Amethysten, Saphiren und Diamanten gefüllt.

So wird man Mönch

Jedes Jahr zu Beginn der Regenzeit, die meist im Mai einsetzt, werden in Myanmar kleine Jungen zu Novizen geweiht. Nach der Zeremonie, „Shin Pyu", tauschen die Jungen ihre Blumenkränze gegen Mönchskleidung ein und lassen sich das Kopfhaar rasieren. Die meisten Jungen kehren nach etwa einem Monat aus dem Kloster nach Hause zurück. Doch einige bleiben im Kloster und werden mit etwa 20 Jahren als Mönche ordiniert.

Der Sangha

Der „Sangha", die Ordensgemeinschaft der buddhistischen Mönche, bildet das Herzstück der buddhistischen Gesellschaft, seit Buddha selbst sie gründete, um die Lehre zu bewahren und zu verbreiten.

Nach Buddhas Lehre sollte das Leben eines Mönchs so einfach wie möglich sein, um zu verhindern, dass er von seinen geistlichen Aufgaben abgelenkt wird.

Das Leben im buddhistischen Kloster ist nicht nur hart, sondern auch streng reglementiert. Die Ordensregeln („Vinaya") enthalten etwa 250 Vorschriften. Die Mönche dürfen nicht für Geld arbeiten, ihr eigenes Essen kochen oder mit einer Frau unter einem Dach schlafen. Eine der schwerwiegendsten Regelwidrigkeiten ist der Streit mit anderen. Das religiöse Leben eines Mönchs ist bis ins Kleinste mit genauen Vorschriften geregelt. Er soll um sein Essen betteln und darf nur wenig besitzen: die dreiteilige Mönchskutte, eine Bettelschüssel, einen Wasserseiher, ein Rasiermesser und eine Nadel.

Das Leben im Kloster besteht vorwiegend aus Meditation, dem Studium der Schriften und gemeinsamen religiösen Zeremonien. Die Mönche gehen außerdem zu den Menschen und bieten ihnen im Austausch gegen Nahrung und Kleider geistliche Führung an. Oft werden sie auch zum Essen eingeladen. In der buddhistischen Gesellschaft sind Mönche und Laien voneinander abhängig.

Der Potala war mit seinen 1000 Räumen Tempel, Palast, Vorratshaus, Kloster und Treffpunkt.

In der Großen Westlichen Versammlungshalle trafen sich Mönche, Beamte und Pilger.

▶ Diese Novizen dürfen nicht viel besitzen, denn sie sollen im Geiste rein und frei von menschlichem Streben sein.

Shintoismus

Der Shintoismus ist die ursprüngliche und noch heute prak-
tizierte Religion Japans. Das Wort „Shinto" setzt sich aus
den chinesisch-japanischen Wörtern „shin" („Gott, Geist")
und „to" oder „tao" („Weg") zusammen, bedeutet also „Weg
der Götter". In reinem Japanisch wird Shinto mit „Kami
no mitschi" wiedergegeben, weil die japanischen Götter
eigentlich „Kami" genannt werden. Der Shintoismus ist
eine aus vorgeschichtlichen Wurzeln gewachsene Religion. Er kennt weder einen Stifter, eine bestimmte Anzahl von Göttern noch feststehende Glaubensinhalte.
Viele Japaner verbinden den jeweiligen Shinto-Glauben
ihrer Region mit dem Buddhismus. Es ist durchaus
üblich, dass sich die Menschen dem Shintoismus zu-
wenden, wenn sie eine Geburt oder eine Hochzeit feiern,
und dem Buddhismus, wenn eine Beerdigung ansteht.

Die Shintoismus-Legende

Die ältesten literarischen Werke des Shintoismus sind das
„Kodshiki" und das „Nihongi", die beide im 8. Jh. n. Chr.
verfasst wurden. Sie enthalten die japanischen Schöpfungsmythen und Legenden. Es heißt darin, dass Isanagi und seine
Schwester Isanami von den übrigen Göttern den Befehl erhielten,
die japanischen Inseln zu erschaffen. Dazu, so die Legende, stiegen
sie auf einen Regenbogen und rührten mit einem juwelenbesetzten
Speer in der noch ungestalteten, schlammartigen Erde. Daraus entstand die
erste japanische Insel, auf der Isanagi und Isanami Hochzeit feierten.
Isanami gebar bald eine Tochter, die Sonnengöttin Amatera, die heute noch
in hohen Ehren gehalten wird,
insbesondere am kaiserlichen
Hof. Eine Vielzahl von Gottheiten wird von den Shinto-
Gläubigen um Erfolg, Wohlstand oder Glück angebetet.
Wenn man sich ihnen nicht
überaus ehrfürchtig nähert,
werden diese Geister sehr ungehalten. Der Legende nach
soll der bekannte Dichter und
Lehrer Sugawara Michizane,
der im 9. Jh. n. Chr. lebte, vom

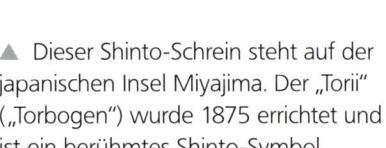

▲ Dieser Shinto-Schrein steht auf der
japanischen Insel Miyajima. Der „Torii"
(„Torbogen") wurde 1875 errichtet und
ist ein berühmtes Shinto-Symbol.

◄ Der berühmteste Berg Japans ist der
Fuji (Fujijama). Er gilt auch als einer der
wichtigsten natürlichen Schreine. Viele
Pilger besuchen den Berg. Dieser hand-
kolorierte Holzschnitt „Fujisan über dem
Blitz" stammt vom japanischen Maler
Hokusai (1760–1849).

▲ Dieser farbenprächtige Druck aus dem 19. Jh. bildet eine der berühmtesten Geschichten aus der Shinto-Mythologie ab. Die Sonnengöttin Amatera taucht aus ihrer Höhle auf und bringt Licht und Ordnung in die Welt.

▶ Diese Karte verzeichnet die japanischen Shintoismusschreine (Heiligtümer); sie sind mit einem Torii markiert.

Hof verbannt worden sein, nachdem neidische Höflinge ihn verleumdet hatten. Nach Michizanes Tod widerfuhren den Bürgern von Kyoto schreckliche Dinge. Erst als man Michizanes verärgerten Geist beruhigte, nahm die Not ein Ende. Bis heute suchen Menschen seinen Schrein auf, wenn sie sich Erfolg in einer Prüfung erhoffen.

Die Wiederkehr des klassischen Shintoismus

In den ersten Jahrhunderten unserer Zeitrechnung gelangte der Buddhismus über China auch nach Japan. Beide Religionen vermischten sich in weiten Bereichen.

Im 19. und 20. Jh. entdeckten Gelehrte die alten Texte wieder und der klassische Shintoismus feierte eine Wiederkehr. Das Land besann sich auf seine mythische Vergangenheit und errichtete auf dieser Basis einen ausgeprägten Nationalstolz. Im Jahr 1868 befreite man die Shinto-Schreine von den buddhistischen Einflüssen und der so genannte „Staats-Shinto" wurde eingeführt. In den Schulen lernten die Kinder jetzt, dass die kaiserliche Familie mit den Göttern verwandt sei, was eine völlige Unterwerfung unter den Willen des Kaisers erfordere.

Nach der Niederlage Japans im Zweiten Weltkrieg widerrief der Kaiser im Neujahrsgruß von 1946 seinen göttlichen Status. Eine Verfassung trennt seither Politik und Religion.

69

Der Shinto-Kult

Der Shinto-Kult („Matsuri") findet sowohl öffentlich als auch privat statt und kreist um die Ereignisse im Leben des Einzelnen oder der Gemeinde. So ist es üblich, dass eine schwangere Frau den Schrein aufsucht, um eine gute Geburt für ihr Kind zu erbitten. 32 Tage nach der Geburt eines Jungen (bei Mädchen sind es 33 Tage) bringt die Mutter oder die Großmutter das Baby zum „Hatsu miya-mairi", dem ersten Besuch am Schrein, wo es in der Gegenwart des Kami den Segen erhält. Später nehmen die Kinder am „Shichi-go-san" („Sieben – Fünf – Drei") teil: Die Eltern bringen ihre drei oder sieben Jahre alten Jungen oder fünf Jahre alten Mädchen zum Schrein, wo ein Reinigungsritus („Harai") stattfindet. Dabei wird ein Stab mit Papierwimpeln über den Köpfen der Kinder hin und her geschwenkt, um böse Einflüsse aus ihrem Leben zu vertreiben und sie für die Zukunft zu reinigen.

▲ Die Shinto-Gläubigen hängen vor dem Schrein ein Gebetsbrett („Ema") mit ihren Wünschen auf.

▼ Das „Tori-no-Ichi"-Fest war ursprünglich eine Feier zu Ehren des Kriegsgottes. Heute erbittet man Glück von ihm; hier hält ein Mann einen Talisman aus Stroh in den Händen.

▲ An diesem Schrein hängt ein Shimenawa – ein dickes Seil, das mit weißem Papier durchwirkt ist, um den Ort als heilig auszuweisen.

▶ Der Kindertag findet jedes Jahr im November am Meji-Schrein statt, dem beliebtesten Schrein Tokios. Die Eltern bringen ihre Kinder dorthin, um sie für die Zukunft segnen zu lassen.

Eintritt in den Schrein

Für den Eintritt in den Schrein gibt es feste Rituale. Man durchschreitet zunächst den einen Torbogen aus Holz oder Stein, der die Außenwelt vom heiligen Ort trennt. Am Eingang befindet sich ein Becken mit fließendem Wasser, in dem sich die Gläubigen die Hände waschen und den Mund spülen können. Dann gehen sie weiter in die Gebetshalle („Haiden"). Hier machen sie die Kami auf sich aufmerksam, indem sie zweimal in die Hände klatschen. Nachdem sie Geld in das Spendenkästchen geworfen, ein Glöckchen geläutet und eine tiefe rituelle Verbeugung vor dem Kami gemacht haben, sprechen die Gläubigen ihre Gebete. In einem Teil des Schreingebäudes befindet sich eine Wand, an die die Besucher ein „Ema" hängen können. Das ist ein fünfeckiges Holzbrett, auf das die Gläubigen ihre Wünsche schreiben, in der Hoffnung, die Götter mögen sie erfüllen. Zum Neujahrsfest werden diese Gebetsbretter verbrannt, um Platz für die Gebete des folgendes Jahres zu schaffen.

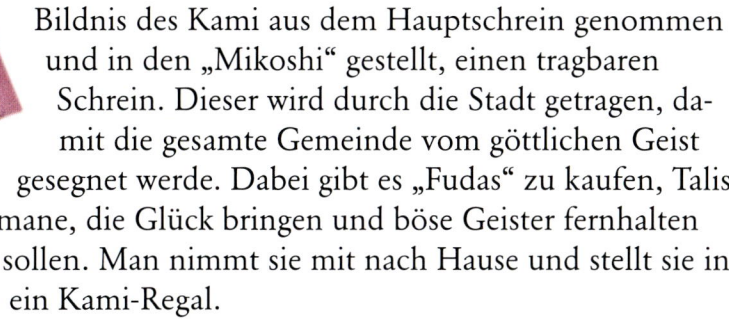

▲ Ein Priester zündet beim Shinto-Schrein von Ise in einer Zeremonie die Gebetstafeln des vergangenen Jahres an.

Das „Honden"

Hinter der Gebetshalle liegt das „Honden", die Haupthalle. Hier ist der Sitz des Kami. Nur Priester dürfen diesen Raum betreten. Wenn ein Fest stattfindet, wird das Bildnis des Kami aus dem Hauptschrein genommen und in den „Mikoshi" gestellt, einen tragbaren Schrein. Dieser wird durch die Stadt getragen, damit die gesamte Gemeinde vom göttlichen Geist gesegnet werde. Dabei gibt es „Fudas" zu kaufen, Talismane, die Glück bringen und böse Geister fernhalten sollen. Man nimmt sie mit nach Hause und stellt sie in ein Kami-Regal.

Wer nicht zum Schrein kommen kann, erhält Besuch von den Priestern, die im Namen des Kami zu Hause beten. Sie besuchen zum Beispiel auch Baustellen, um sie zu reinigen, oder lassen Gebäude von einem Kami segnen. Die Priester segnen sogar neue Autos, um sie vor Unfällen zu schützen.

Chinesische Religionen

Die chinesische Religion lässt sich nicht einem Glaubenssystem zuordnen wie das Judentum oder das Christentum. Sie besteht aus vier Elementen, die nebeneinander praktiziert werden: Konfuzianismus, Taoismus, Buddhismus und volkstümliche Religion. Das chinesische Volk hat sich von allen vier Traditionen beeinflussen lassen und verbindet die Rituale der einen mit den Zeremonien der anderen.

Die frühe Geschichte

Bis Ende des 19. Jh. wurde China von einflussreichen Klans oder Familien regiert, den Dynastien. Die ersten religiösen Zeugnisse stammen aus der Shang-Dynastie (2. Jt. v. Chr). Aus Funden von Orakelknochen und Schildkrötenpanzern lässt sich schließen, dass die alten Chinesen die Weissagung der Zukunft betrieben und daran glaubten, dass unsichtbare Geister Einfluss auf das Leben der Menschen nehmen. Ehe jemand ein neues Vorhaben anging oder eine Reise antrat, befragte ein Wahrsager, der die übernatürlichen Botschaften zu deuten wusste, die Geister, was der Betreffende zu erwarten hatte. Er erhitzte einen Tierknochen oder einen Schildkrötenpanzer, bis er riss, sah sich dann den Bruch an und deutete die Antwort des Geistes.

Die Bedeutung der Vorfahren

Die Chinesen blickten nicht nur in die Zukunft, sondern auch in die Vergangenheit. Konfuzius (551–479 v. Chr.), nach dem der Konfuzianis-

▲ Mit Feuerwerkskörpern feiern die Menschen das Neujahrsfest zu Ehren des Küchengottes Tsao Chun. Er wacht über den Haushalt und steuert nach dem Glauben der Menschen ihr Leben. An Neujahr soll er dem Himmel Bericht erstatten, damit dieser gute Taten mit Glück vergelte, schlechte mit Pech.

◄ Der Ahnenkult spielt in der chinesischen Religion eine wichtige Rolle und die Menschen erweisen den Gräbern regelmäßig ihre Ehrerbietung. Zu Hause ehren die Menschen ihre verstorbenen Eltern an Schreinen.

mus benannt ist, förderte den Ahnenkult, den es schon seit langem gegeben hatte. Konfuzius war ein Weiser, der lehrte, dass Menschlichkeit („jen") als eine der wichtigsten Eigenschaften ausgebildet werden müsse. Er vertrat auch das Ideal der kindlichen Ergebenheit, also des Respekts vor den Eltern. Wenn Kinder ihren Vater oder ihre Mutter achten, so glaubte er, wachsen sie zu ehrerbietigen Erwachsenen heran, die auch die rechtmäßigen Herrscher achten und für die Gesellschaft eine solide Basis sind.

Diese Achtung vor den Eltern und den Alten erstreckte sich über den Tod hinaus auf die Verehrung der Ahnen. Bis heute begleiten komplizierte Rituale eine chinesische Beerdigung und viele Menschen glauben, dass der Körper nach der Bestattung ohne die angemessenen Feierlichkeiten nicht in den Himmel finden könne, sondern als Geist auf der Erde herumspuke. Ähnliche Vorstellungen kennen wir von vielen Völkern, unter anderem von den Griechen und Römern.

Drei verschiedene Religionen

Der Taoismus wurde von Laotse im 6. Jh. v. Chr. gestiftet. „Tao" bedeutet „der Weg" und meint alle jene Gesinnungen und Verhaltensweisen, die zu einem erfüllten und ausgewogenen Leben führen. Im 1. Jh. n. Chr. erreichte der Buddhismus China und beeinflusste dort

▲ Konfuzius, Laotse und Buddha lebten etwa zur selben Zeit. Dieses symbolische Bild zeigt, wie verschiedene Religionen in China nebeneinander existieren.

sowohl den Konfuzianismus als auch den Taoismus. Die vierte Tradition, die volkstümliche Religion, heiligt verschiedene Gottheiten und hat eigene Mythen und Legenden.

▶ Mit Hilfe von Orakelknochen versuchten die vorgeschichtlichen Chinesen die Zukunft vorauszusagen.

Die Entwicklung des Konfuzianismus

Der Name, den der Westen dieser chinesischen Glaubenstradition gab, entstand im 16. und 17. Jh. n. Chr. Damals stießen christliche Missionare auf die Schriften des K'ung fu-tse und latinisierten seinen Namen. Konfuzius war kein Prophet oder Messias, sondern ein sanftmütiger Lehrer, der glaubte, dass Menschlichkeit („jen") und die Achtung vor den Eltern (kindliche Ergebenheit) die Grundlage für eine harmonische Gesellschaft sind. Er stammte aus einer Familie des unteren Adels und war zunächst Regierungsbeamter. Erst im Alter von 50 Jahren wurde Konfuzius bekannt und reiste umher, um seine Ideen zu verbreiten.

▲ Diese Illustration zeigt den Kaiser Teaon-Kwang, wie er die Wachablösung vor dem Palast in Peking abnimmt. Das konfuzianische Modell des idealen Staates setzte einen gerechten Herrscher voraus, der sein Volk weise und nachsichtig regierte. Der „himmlische Auftrag" (die göttliche Zustimmung) garantierte eine harmonische Herrschaft. Wurde der himmlische Auftrag zurückgezogen, musste man mit Katastrophen rechnen.

Himmel und Erde

Der Konfuzianismus ist vor allem mit dem moralischen Handeln auf Erden befasst, hat aber auch eine religiöse Dimension. Denn für Konfuzius wurde auch das menschliche Handeln von einer göttlichen Macht geleitet, dem „Shang-ti" („oberster Herrscher") oder einfach von „T'ien", dem „Himmel". Die frühen Anhänger des Konfuzius glaubten, nur wenn die ordnende Macht des Himmels mit den ansonsten chaotischen Kräften der Erde zusammenspiele, entstehe Ordnung und kosmische Harmonie. Dieses ergänzende Miteinander von Himmel und Erde, Tag und Nacht, Oben und Unten habe seine Entsprechung in vielen weiteren Gegensätzlichkeiten: zum Beispiel Mann und Frau oder Regierung und Volk. Das Symbol dafür ist „Yin und Yang" – ineinander verschlungen ergänzen sich

◄ Konfuzius, hier auf einer Schriftrolle aus dem 17. Jh., strebte Harmonie in Familie und Gesellschaft an.

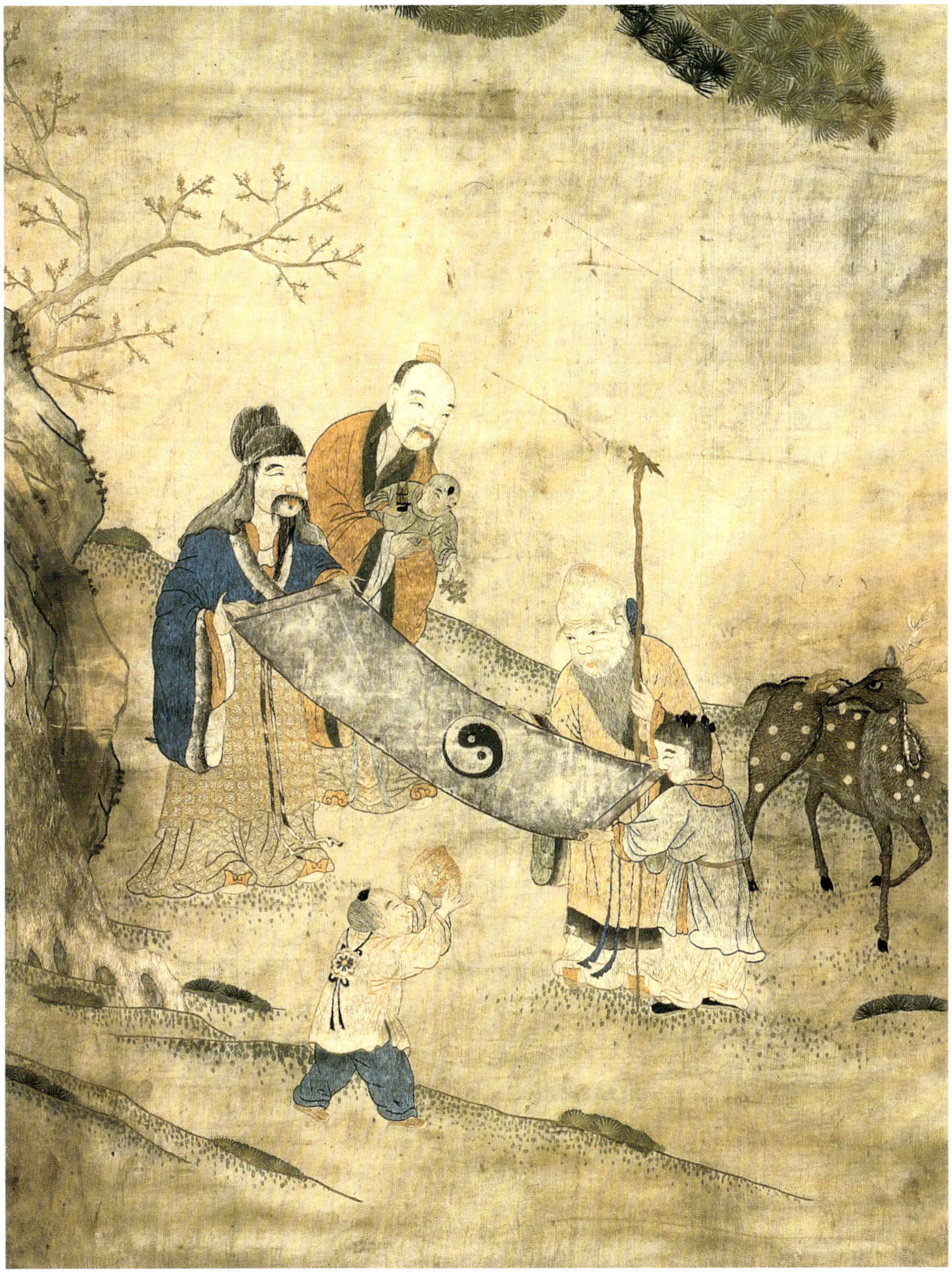

Dieses Gemälde aus dem 17. Jh. zeigt verschiedene Menschen verschiedener Generationen (Weise, Gelehrte und Kinder) mit dem Yin-Yang-Symbol. In der chinesischen Überlieferung verkörpert Yang alles Obere, Heiße, Leichte, Harte, Aktive und Männliche. Yin steht für das Untere, Kalte, Dunkle, Weiche, Passive und Weibliche. Diese Gegensätze, so glaubte man, ergänzen sich zu einem Ganzen.

Die Einheit gegensätzlicher, jedoch einander ergänzender Kräfte – das Yin und das Yang – offenbaren sich in diesem Symbol. Jede Hälfte enthält den „Samen" seines Gegenstücks.

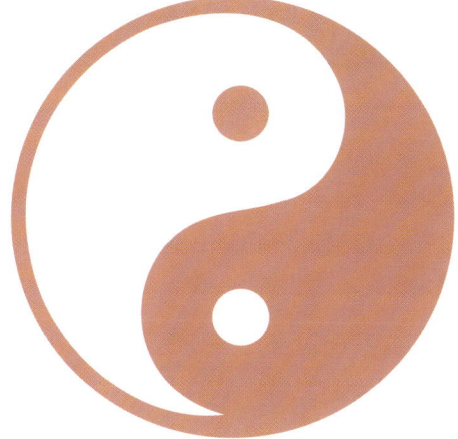

das lichte und männliche Yin mit dem finsteren und weiblichen Yang zu einem kreisförmigen Ganzen. Die Ordnung und das angemessene Miteinander der beiden Grundkräfte müsse von den Menschen ständig aufrecht erhalten und erneuert werden. Die gute und gerechte Regierung des Kaisers würde dann nicht nur mit geordneten politischen Verhältnissen entlohnt, sondern auch mit gutem Wetter, reichen Ernten und Wohlstand.

Zeichen lesen

Deshalb reisten Regierungsbeamte durch das Land und suchten nach Zeichen und Omen. Nachdem sie die Stimmung der Menschen, den Zustand der Äcker und sogar das Wetter begutachtet hatten, konnten sie dem Kaiser Bericht erstatten. Dieser hatte nun eine Vorstellung vom Zustand seiner Herrschaft. Mit der Zeit entwickelte sich diese Begutachtung zu einem System, das als „Theorie der Omen" bezeichnet wurde.
Ab dem 11. Jh. festigte sich die konfuzianische Philosophie unter Lehrern wie Chu Hsi (1130–1200) und Wang Yang-ming (1472–1529). Sie verbanden das frühe konfuzianische Denken mit Elementen des Taoismus und des Buddhismus.

Glaubensinhalte des Konfuzianismus

Die Hauptaussage des Konfuzianismus ist, dass alle sichtbaren Dinge (auf Erden) und die unsichtbaren (im Himmel) voneinander abhängen. Für das Verhalten des Einzelnen heißt das, dass Rechtschaffenheit auf Erden (Achtung und Mitgefühl) mit der Harmonie des Universums in Einklang steht.

Die heiligen Schriften

Menschen und Regierungen brauchten die Weissagung, um die Ziele der himmlischen Kräfte zu verstehen. Die Methoden beschreibt eine der fünf konfuzianischen Schriften, das „I-Ching", das „Buch der Wandlungen". Die anderen vier heiligen Bücher sind das „Shi-Ching" („Buch der Lieder"), das „Shu-Ching" („Buch der Geschichte"), das „Li-Chi" („Aufzeichnungen über Sitten") und das „Ch'un Ch'iu" („Frühlings- und Herbstbuch"). Diese Bücher sind der Überlieferung nach von Konfuzius selbst überarbeitet und freigegeben worden. Hinzu kamen die so genannten „vier klassischen Bücher". Sie enthalten Gedichte, philosophische Texte, Regeln zu Weissagungen, Vorschriften für Riten, Sprüche des Konfuzius und seiner Anhänger sowie Geschichten über die Ursprünge der chinesischen Gesellschaft. Außerdem ist das Werk des Philosophen Meng-Tse (372–289 v. Chr.) in den Büchern enthalten. Er gilt als bedeutendster Nachfolger des Konfuzius.

▲ Bildung ist im Konfuzianismus sehr wichtig. Die Schüler werden angehalten, viel zu lernen und ihre Lehrer und Eltern zu achten.

◄ Die Weissagung der Zukunft, deren Methoden im I-Ching beschrieben werden, ist bis heute sehr verbreitet. Wahrsager und Geomantiker, die den richtigen Standort und die Ausrichtung von Neubauten bestimmen, gehören bis heute zum chinesischen Alltag.

▲ Der Mann rechts wird die Stäbchen, die er in der Hand hält, auf den Boden werfen. Man vergleicht dann das Muster der Stäbchen mit den Beschreibungen des I-Ching und sagt die Zukunft voraus.

Gelehrsamkeit und Bildung

Nicht nur das Verhältnis zwischen Himmel und Erde, sondern auch das der Menschen untereinander war von großer Bedeutung. Die goldene Regel des Konfuzius lautet sinngemäß: Füge niemandem etwas zu, von dem du nicht willst, dass es dir angetan wird. Dieses grundlegende moralische Prinzip findet sich in allen konfuzianischen Schriften. Der Konfuzianismus zeichnet sich außerdem durch eine hohe Wertschätzung der Gelehrsamkeit und der Bildung aus. Bis zum Ende des 19. Jh. musste sich jeder, der sich für ein Amt bewarb oder eine Beförderung beanspruchte, einer Prüfung unterziehen. Die Vorgesetzten förderten das Studium konfuzianischer Texte und prüften die Kenntnisse in konfuzianischer Philosophie.

Leistung und Bildung waren und sind bis heute hohe Werte in diesem System, das den Fleiß der Menschen und ihr Bemühen um öffentliches Wohl fördert.

Die Ursprünge des Taoismus

„Tao" bedeutet „Weg" und meint „richtiger Weg". Der Taoismus lehrt ein Leben in Mäßigung. Das Geheimnis des Glücks liegt darin, natürlich zu leben, ohne sich selbst oder die Dinge übermäßig verändern zu wollen. Der Stifter des Taoismus soll der Dichter und Weise Laotse gewesen sein. Ihm schreibt man auch das wichtige Buch des Taoismus zu, das „Tao-te-king" („Das Buch vom richtigen Weg"), das im 2. oder 3. Jh. v. Chr. entstand. Das Buch ist eine Sammlung von Weisheitssprüchen, die schon lange vor ihrer Niederschrift mündlich überliefert worden waren.

Weisheit und Unsterblichkeit

Es gibt zwei Arten von Taoismus. „Tao-Chia" oder philosophischer Taoismus entwickelt die politische Vorstellung eines Herrschers oder Kaisers, der nicht mit Macht, sondern mit Weisheit regiert. „Tao-Chiao" entwirft ein eher mystisches und religiöses Verständnis der Welt. Durch die angemessene Ausübung der Religion überwinden die Menschen materielle Besitztümer und finden die Freiheit, die letztlich in der Unsterblichkeit gipfelt.

Die Schriften

Das „Tao-te-king" und die Sammlung „Tschuang-tse" sind die klassischen Texte des Taoismus. Sie lehren, dass ein Mensch, der die Kräfte des Yin und des Yang miteinander in Einklang bringt, einen Geisteszustand erreicht, in dem er Glück und Unglück klaglos annehmen kann. Ein langes Leben und Unsterblichkeit sollen die Belohnung dafür sein, dass man dem Tao folgt. Unter Unsterblichkeit versteht man ewiges Leben in einem verwandelten Körper nach dem Tod und die Erlösung von den Sorgen des Alltags.

▲ Bergen und Flüssen schreibt der Taoismus eine besondere geistige Bedeutung zu. Die Weisen suchten in der Natur Trost und konnten, befreit vom Streben nach materiellen Besitztümern, über die Harmonie von Himmel, Erde und Menschheit nachdenken.

◄ Ge Changgeng war ein weiser Mann, der Werke des Taoismus schrieb und illustrierte. Man verbindet ihn mit Lui Hai, einem der Unsterblichen, dessen Symbol die dreibeinige Kröte ist. Sie ist ein mystisches Tier, das es angeblich nur auf dem Mond gibt. Die Kröte ist auch das Symbol für die Münzprägung und deshalb hier mit Goldmünzen auf dem Kopf abgebildet.

Tun und sein

Der Taoismus lehrt, dass ein Fortschritt nur möglich ist, wenn man „wu-wie" („tätige Untätigkeit") übt. Dieser scheinbare Gegensatz steht für den Versuch, sich nicht gegen den Fluss der universellen Energie („Ch'i"), sondern mit ihm zu bewegen und so einen ausgeglichenen Seinszustand zu erreichen.

Ein Beispiel dafür findet sich in der Schriftensammlung Tschuang-tse. Dort wird unter anderem das Leben eines Palastkoches und des Metzgermeisters Ting beschrieben. Ting ist so geübt in der Kunst des Schneidens von Fleisch, dass er mühelos und ohne Widerstand einen Ochsen zerlegen kann. Der Kaiser ist fasziniert und fragt den Koch, wo er diese Kunst erlernt habe. Ting antwortet, dass er durch die Konzentration auf den richtigen Weg („Tao") bei der Arbeit die richtigen Stellen zwischen Muskeln und Fleisch finde. Er bemühe dazu nicht seinen Verstand, sondern gestatte es seinem Gefühl und seiner Intuition („Shen"), das Messer zu führen. Mit anderen Worten: Statt als Metzger etwas zu tun, muss er nur Metzger sein.

Der Taoismus lehrt, sich an Stelle des Verstandes einer höheren Macht und Intuition anzuvertrauen, um so dem Fluss des Lebens ausgewogen zu folgen, das heißt das Tao zu gehen.

▶ Über das Leben von Laotse, den Stifter des Taoismus, weiß man nur wenig. In einer der Legenden wird er als Gelehrter der Chou-Dynastie bezeichnet. Als er einmal mit dem Ochsen unterwegs war, soll er an einem Grenzpfosten gebeten worden sein, seine Lehren niederzuschreiben. Das habe er in Form des Tao-te-king getan. Danach soll er verschwunden und nie mehr gesehen worden sein.

Der taoistische Glauben

Nach dem taoistischen Glauben durchzieht eine Energie („Ch'i") die gesamte Schöpfung. Sie ist in Bergen und Ebenen, Flüssen und Bächen, Bäumen und Blumen, Himmel und Erde und auch im Menschen. Diese Lebenskraft harmonisch (mit einem Gleichgewicht aus Yin und Yang) nutzbar zu machen, ist der Schlüssel zu einem langen und glücklichen Leben.

Harmonie und Ausgewogenheit

Um zur Harmonie zu gelangen, haben taoistische Gruppen bestimmte Rituale entwickelt. Sie beinhalten Meditation, Gesang, körperliche Übungen und Naturmedizin. Schon der Gesang bestimmter taoistischer Texte kann eine körperliche oder geistige Veränderung herbeiführen, da sie die Harmonie aus Yin und Yang, das Ziel des religiösen Taoismus, befördert. Sind die beiden Kräfte nicht im Gleichgewicht, hat das nachteilige Folgen. Ein Ungleichgewicht von Yin und Yang soll beispielsweise Krankheiten auslösen, die wieder geheilt werden können, indem man das Gleichgewicht von neuem herstellt. Zerstörerische Energie, oft in Form eines unruhigen Geistes, soll aus einem Übermaß von Yin kommen.

▲ Menschen aller Altersstufen praktizieren an öffentlichen Plätzen in Gruppen „Tai Chi". Diese Übungen, ursprünglich Teil der Kampf- und Kriegskunst, sollen im Körper Harmonie zwischen Yin und Yang herstellen und dadurch Gesundheit und ein langes Leben bewirken.

◄ Taoistische Priester führen Harmonisierungsriten durch, die Gesundheit bringen und erhalten.

Das Erreichen der Unsterblichkeit

Während die Konfuzianer Weisheit suchen, um der Gesellschaft zu dienen, streben die Taoisten durch ihre lebensweise nach Unsterblichkeit („Hsien"). Der Konfuzianismus legt größeren Wert auf die Organisation des idealen Staates als der Taoismus. Der Taoismus dagegen betont das Leben des Einzelnen und dessen Entwicklung. Manche Taoisten nahmen vieles auf sich, um Unsterblichkeit zu erreichen. Geheime Rituale waren nur einer kleinen Gruppe von Anhängern bekannt, die Kräutertränke zu sich nahmen, um unsterblich zu werden. Einige dieser taoistischen Gesellschaften gibt es noch heute.

Naturmedizin

Für die meisten Taoisten gleicht der Körper einer Landschaft, durchzogen von unsichtbaren Kanälen der Lebenskraft, die die Körperfunktionen steuern. An bestimmten Stellen dieser Kanäle gibt es Punkte, in denen der Energiefluss unterbrochen und so dosiert werden kann, dass das Verhältnis von Yin und Yang ausgeglichen wird. Zur Regulierung des Energieflusses werden an den entsprechenden Punkten feine Nadeln in bestimmte Körperstellen gestochen („Akupunktur").

▶ Ähnlich einer Landkarte erstellen die Taoisten Karten vom menschlichen Körper. Darin sind die Kanäle der Energie („Ch'i") verzeichnet, die die Körperfunktionen steuern.

Reform und Revolution

Die Hauptreligionen Chinas haben nicht nur das geistige Leben bestimmt, sondern sich auch stets gegenseitig beeinflusst; häufig wurde eine Form der Religion ausgeübt, die auch Elemente der anderen Religionen enthielt. Jede Religion hat sich zudem im Laufe der Zeit immer wieder verändert und dabei Denkrichtungen hervorgebracht, die von manchen befolgt, von anderen aber abgelehnt wurden.

So wurde etwa die Lehre des Konfuzius im 12. und 15. Jh. n. Chr. von Chu Hsi und Wang Yang-ming reformiert. Beide waren sich einig darüber, dass Weisheit und Mitgefühl die Hauptziele des Lebens sind. Sie hatten aber unterschiedliche Vorstellungen davon, wie diese Ziele zu erreichen seien.

Chu Hsi begründete die „Li-Hsueh-Schule", die die Ansicht vertrat, dass Menschlichkeit („jen") nur nach einem langen Prozess der Selbstentwicklung erreicht werden könne. Erst wenn der Mensch viele Jahre lang sein Verständnis von der Welt geschult habe, sei er so gebildet, dass wahre Menschlichkeit und Barmherzigkeit möglich seien.

Die Schule des Wang Yang-ming, „hsin hsueh", lehnte dies ab und lehrte stattdessen, dass eine plötzliche Erleuchtung möglich sei, wenn der Geist in Einklang mit dem Tao stehe. Die dadurch vollzogene Verschmelzung des Konfuzianismus mit dem Taoismus ist typisch für die Entwicklung der chinesischen Religion.

Im 16. Jh. versuchte der Philosoph Lin Chao-en, die Religionen Konfuzianismus, Buddhismus und Taoismus in ein einziges System zusammenzufassen. Er verband die Meditationstechniken der buddhistischen Mönche und taoistischen Meister mit dem konfuzianischen Dienst an der Öffentlichkeit.

▲ Die Kommunistische Partei Chinas lehnt Religion ab. Mao Tse-tung, von 1949 bis 1976 Parteivorsitzender, wurde seinerseits auf fast religiöse Weise verehrt. Hier sein Bildnis über einem Familienschrein.

▶ Beim sieben Wochen währenden „Da-beiba-Fest" segnen taoistische Priester Gaben an die Götter und beten um Frieden.

Die farbenprächtigen Masken, die im Festzug durch die Straßen Taipehs in Taiwan getragen werden, stellen verschiedene Götter dar. Mit einem der größten religiösen Ereignisse des Jahres wird der Geburtstag des Gottes Chingshan Wang gefeiert. Es findet am 22. Tag des 10. Mondmonats statt (meist im November oder Dezember).

Religion und Politik

Die Umwälzungen des 20. Jh. nahmen auf das religiöse Leben der einfachen Menschen in China großen Einfluss. Mao Tse-tung, der 1949 die Macht ergriff, lehnte Religion grundsätzlich ab. In den Augen der Kommunisten ist Religion eine mächtige und gefährliche Droge, die die Menschen davon abhält, sich gegen politisches Unrecht zu erheben und die Welt so zu sehen, wie sie ist.

Die Kulturrevolution von 1966 war ein Vorstoß, um das Land von religiösen Praktiken zu „reinigen". Man zerstörte Tempel, brandmarkte Konfuzius und machte Gläubigen das Leben schwer. Gleichzeitig nahm der Kult um den Parteivorsitzenden Mao religiöse Züge an. Man huldigte ihm in Schulen, Fabriken und zu Hause. Übergroße Bilder von ihm hingen als Plakate in Dörfern und Städten. Sie erinnerten an religiöse Ikonen vom Erlöser des Volkes.

Die alten Religionen erwiesen sich aber als erstaunlich hartnäckig, und die Regierung musste sie akzeptieren. Religiöse Gruppen mussten sich allerdings registrieren lassen. Danach befürchteten die chinesischen Behörden ausländische Einflüsse und schotteten sich nach außen ab. Der katholischen Kirche und dem Papst etwa blieben nur noch geringe Möglichkeiten, mit den Katholiken in China in Verbindung zu bleiben.

Chinesen, die ihre Religion ohne staatliche Überwachung ausüben wollten, mussten sich Geheimgruppen anschließen. Ihre Mitglieder riskierten schwere Strafen, doch viele ließen sich nicht abschrecken, weil sie die Freiheit der Religionsausübung als unantastbares Grundrecht des Menschen betrachteten.

Volkstümliche Religion in China

Die volkstümliche Religion Chinas hat keine festgelegten eigenen religiösen Texte. Sie entstand über die Jahrtausende aus einer Mischung aus verschiedenen Mythen, Glaubensinhalten und überlieferten religiösen Praktiken.

Naturgottheiten

Im alten China lebten die Menschen in großer Naturverbundenheit. Ähnlich wie zum Beispiel in unseren Märchen sahen die Menschen in den Kräften der Natur lebendige Wesen, im Wind etwa ein „himmlisches Kind". So bat man die Sonne um Wärme, die Wolken um Regen. Zur Ernte dankte man der Mutter Erde und dem Vater Himmel, ähnlich wie bei christlichen Erntedankfesten.

Wie nach dem Gebot der Bibel galt es auch in den Volksreligionen Chinas als heilige Verpflichtung, Vater und Mutter zu ehren und auch die Verstorbenen in würdigem Andenken zu halten. Ihrem Fleiß, ihrer Fruchtbarkeit und Liebe verdanken die Kinder und Enkel ihr Leben und ihr Wohl.

Hausgötter

Manche Gläubige hatten einen Schrein für einen bestimmten Gott. Sie verneigten sich davor ehrerbietig, ehe sie den Gott um etwas baten oder ein Opfer brachten. Die Götter des Glücks („Fuxing"), des Reichtums („Tsai Shen") und des langen Lebens („Shouxing") sind auch heute noch von großer Bedeutung. Die Menschen bitten sie nicht nur um Hilfe und Glück, sondern sie suchen bei ihnen auch Schutz vor bösen Geistern und den Gefahren des Lebens.

◄ Ein Löwe zieht an Neujahr durch die Straßen Hongkongs. Häuser und Geschäfte sind mit Gemüse und roten Geldpäckchen geschmückt. Wenn der vorbeitanzende Löwe sie mitnimmt, bringt das Glück.

▲ Bei diesem Begräbnis wird in einem Ritual Papiergeld als Gabe für die Götter der Unterwelt verbrannt.

▼ Der Gott der Wohlstands, Tsai Chen, ist in China sehr beliebt. Hier hat sich ein Mann als Tsai Chen verkleidet.

Hilfe für die Geister

Bei einem Begräbnis folgt man festgelegten Riten. Wenn es misslingt, einen Verstorbenen angemessen ins himmlische Reich zu schicken, kann der ruhelose Geist auf der Erde bleiben und Unglück über die Familie bringen. Damit der Geist des Verstorbenen sicher im Himmel ankommen kann, muss er zunächst in die Unterwelt hinabsteigen und dort für seine Taten Rechenschaft ablegen.

Die Hinterbliebenen können der Seele des Verstorbenen auf ihrem Weg beistehen, indem sie die Götter der Unterwelt mit Papiergeld „bestechen", ihre toten Verwandten sofort in den Himmel durchzulassen. Modellautos oder -flugzeuge aus Papier sollen den Verstorbenen in den Himmel geleiten.

Geistige Kräfte

Wie in vielen Religionen sorgen auch in den chinesischen Volksreligionen die Götter („Shen") für die kosmische Ordnung. Die Ordnung droht ständig ins Chaos abzusinken und kann nur durch das Einwirken der Götter aufrecht erhalten werden. Deshalb bittet man die Götter bei Krankheit um Beistand.

Göttliche Hilfe wird auch beim „Fengshui" („Wind und Wasser") erbeten. Damit ordnet man Häuser oder Möbel so an, dass eine Harmonie mit den Kräften der Erde (Ch'i) entsteht. Gelingt die Anordnung, dann sind Yin und Yang im Gleichgewicht und bringen dem betreffenden Menschen Glück.

▲ Der lächelnde Gott des langen Lebens hat einen Stab und eine Birne in der Hand, aus der ein Kranichküken schlüpft.

Judentum

Das Judentum ist eine der monotheistischen Religionen. Die Juden bekennen sich zu einem einzigen, vollkommenen, gerechten und unsichtbaren Gott. Die heilige Schrift der Juden ist die „Tora" („Lehre, Unterweisung"). Sie wird auch als „Hebräische Bibel" bezeichnet und umfasst die fünf Bücher Mose, außerdem die Bücher „Propheten" und „Schriften". Sie enthält die von Gott offenbarten Gebote für die richtige Form der Verehrung Gottes, für das Verhalten den Mitmenschen gegenüber und für die richtige Lebensweise.

Ein auserwähltes Volk

Die Geschichte des Volkes Israel beginnt nach den Erzählungen der Bibel mit Gottes Verheißung an Abraham, dass er der Ahnvater eines großen Volkes werde. Nach der Überlieferung hat Gott das Volk Israel auserwählt, einen Bund mit ihm zu schließen: Wenn sich die Israeliten an Gottes Gebote halten, wird das Volk wachsen und gedeihen. Wenn es aber Gottes Ordnung verlässt, soll es von Feinden überrannt, geschlagen und verschleppt werden.

Die Offenbarung am Berg Sinai

Gott hat sich dem Volk mehrfach offenbart, hat es belehrt und ihm Gebote übertragen. Nach der Bibel wurde Mose das Wort Gottes etwa 3500 Jahre v. Chr. auf dem Berg Sinai offenbart. Dabei übergab Gott ihm die Steintafeln mit den Zehn Geboten. Dies ist der erste Bund, den Gott mit dem Volk Israel schloss.

Das Volk Israel

Die Gründerväter Abraham, Isaak und Jakob lebten nach der Überlieferung 1900 bis 1750 v. Chr. als Hirten in Kanaan.

▲ Am ersten Sabbat nach ihrem 13. Geburtstag feiern jüdische Jungen das Fest „Bar Mizwa" („Sohn der Pflicht"); sie werden in die Gemeinschaft der erwachsenen Gläubigen aufgenommen und dürfen zum ersten Mal aus der Tora vorlesen. Beim Gottesdienst tragen sie die Gebetsriemen („Tefillin") und den Gebetsmantel („Tallit"). Mädchen begehen an ihrem 12. Geburtstag die Feier „Bat Mizwa" („Tochter der Pflicht").

◄ Dieser jüdische Junge aus Äthiopien trägt die Torarolle. Die heilige Schrift des Judentums wird auf Pergamentrollen geschrieben, aufgerollt und mit einem Toramantel geschützt. Aufbewahrt wird die Tora im Toraschrein.

Ihre Nachkommen flohen vor einer Hungersnot nach Ägypten. Dort wurden sie in die Sklaverei gezwungen, aus der sie Mose befreite und mit ihnen von Ägypten aus in Richtung Kanaan zog. Nach 40 Jahren in der Wüste Sinai erreichten die Israeliten Kanaan. König David gründete die neue Hauptstadt Jerusalem. König Salomo errichtete später dort einen großen Tempel. Um 722 v. Chr. wurde der Tempel zerstört und die Israeliten nach Babylon verschleppt. Nach etwa 50 Jahren konnten sie zurückkehren und den Tempel wieder aufbauen. Um 60 v. Chr. besetzten die Römer das Land und zerstörten den Tempel in Jerusalem erneut. Alle Juden mussten das Land verlassen. Als Flüchtlinge entkamen sie in andere Länder rund um das Mittelmeer und in das heutige Deutschland. Damit begann die Zeit der „Diaspora" (griechisch „Zerstreuung"); dies ist die Bezeichnung für das Leben der Juden außerhalb von Israel.

▶ Der Davidstern ist ein Hexagramm aus zwei gleichschenkligen Dreiecken und stammt ursprünglich aus Mesopotamien. Seit dem 14. Jh. ist er das religiöse Symbol für den jüdischen Glauben. Die Nationalsozialisten benutzten ihn ab 1939 als gelben Judenstern, den Juden auf ihrer Kleidung tragen mussten. Seit 1948, dem Jahr der Staatsgründung Israels, ziert der Davidstern die Staatsflagge Israels auf einem blau-weißen Gebetsschal.

Judenverfolgung und Holocaust

Die Juden stellten in allen Ländern, in die sie auswanderten, eine religiöse Minderheit dar. Sie waren auf die Toleranz und auf den Schutz der Völker angewiesen, mit denen sie zusammenlebten. Doch dies gab es nur selten oder auf bestimmte Zeiten begrenzt. Die Geschichte des jüdischen Volkes ist stark geprägt von Feindschaft, Verfolgung, Vertreibung und Ermordung. Die planmäßige Ermordung von 6 Millionen deutschen und europäischen Juden („Holocaust") während des Dritten Reichs (1933–1945) ist der furchtbare Höhepunkt der Verfolgung der Juden.

Die Geschichte des Judentums

Die Bibel erzählt, dass Abraham etwa 4000 Jahre v. Chr. in der Stadt Ur im Land Chaldäa (heute Irak) lebte. Die Menschen dort verehrten viele Götter, doch Abraham glaubte nur an einen einzigen Gott. Abraham verließ auf Geheiß Gottes mit seiner Familie, seinen Herden, Knechten und Mägden seine Heimat. Sie gelangten in das Land Kanaan in der Nähe des Toten Meeres. Sein Enkel Jakob, dem Gott später den Namen „Israel" („Gotteskämpfer") gab, hatte zwölf Söhne. Die zwölf Familien der Söhne flüchteten vor einer Hungersnot nach Ägypten. Dort vermehrten sie sich im Laufe vieler Generationen und wurden zu den zwölf Stämmen Israels. Diese vereinten sich zum Volk der Israeliten. Die Israeliten gerieten in Ägypten in die Sklaverei, aus der sie Mose herausführte und mit ihnen durch die Wüste in Richtung Kanaan zog. Nach der Überlieferung schloss Gott am Berg Sinai den Bund mit dem Volk Israel und übergab Mose die Steintafeln mit den Zehn Geboten. Die Gebote schrieben vor, wie sich die Menschen Gott gegenüber und untereinander verhalten sollten. Die Tafeln wurden in einer Truhe aufbewahrt („Bundeslade"). Unter Moses Nachfolger Josua erreichten die Israeliten das gelobte Land Kanaan und eroberten es. Das Land wurde unter den zwölf Stämmen aufgeteilt. Auch wenn sie keinen gemeinsamen Staat bildeten, sprachen alle die hebräische Sprache und glaubten an einen, unsichtbaren Gott. Ringsum lebten feindliche Stämme, die anderen Religionen anhingen. Um sich gegen die Nachbarn verteidigen zu können, schlossen sich die Stämme unter König Saul zusammen. Als Saul im Kampf gegen die Philister fiel, wurde David sein Nachfolger. Er einte das Königreich und machte Jerusalem zum politischen und religiösen Mittelpunkt des Reiches. König Salomo baute in Jerusalem einen großen Tempel für die Bundeslade.

▲ Statt sich den Römern zu ergeben, begingen die aufständischen Juden in der Festung Massada am Toten Meer Selbstmord. Massada ist seither ein Symbol für Widerstand und Selbstbestimmung.

◀ Die Menora, der siebenarmiger Leuchter, stand in der Wüste im Zelt der Bundeslade und später im Tempel in Jerusalem. In Synagogen steht die Menora vor dem Toraschrein oder über dem Eingang.

Die babylonische Gefangenschaft

Nach Salomos Tod um 930 v. Chr. spaltete sich das Volk Israel in das Königreich Israel im Norden und das Königreich Judäa im Süden. Als die beiden Reiche in Machtstreitigkeiten zwischen Ägypten und Assyrien gerieten, deuteten Propheten wie Elija die drohenden Überfälle als Strafe Gottes, weil die Israeliten fremden Göttern huldigten. Sie warnten davor, Gottes Gesetze zu missachten. Das Nordreich wurde erobert und auch das Südreich in Kriege verwickelt. Schließlich unterlag es dem Heer der Babylonier. Der Tempel in Jerusalem wurde zerstört und die Israeliten nach Babylon vertrieben. Dies hatten die Propheten Jeremia und Jesaja vorhergesagt.

▲ David soll den Riesen Goliath, einen Philister-Krieger, mit einem einzigen Schuss seiner Steinschleuder besiegt haben. David wurde König der Israeliten und machte Jerusalem zur Hauptstadt des Reiches.

Rückkehr nach Israel und römische Besatzung

Fünfzig Jahre später wurde Babylon von den Persern erobert, die die Israeliten heimkehren ließen. Diese hatten in Babylon ihre Glaubensinhalte und religiösen Riten beibehalten und begannen nun, den Tempel neu aufzubauen.

Im Jahr 63 v. Chr. geriet das Land unter römische Herrschaft. Römische Statthalter herrschten neben den von Rom eingesetzten jüdischen Königen. Die Juden erhoben sich mehrmals gegen die römischen Besatzer, zuletzt 135 n. Chr. Im Jahr 70 n. Chr. zerstörten und plünderten die Römer Jerusalem und den Tempel und töteten die Einwohner.

Nur die Felsenfestung Massada war noch nicht besetzt. Dort hatten sich etwa 1000 Juden verschanzt. Drei Jahre hielten sie der Belagerung durch die Römer stand. Als die Römer die Festung stürmten, fanden sie nur Tote vor. Die Juden hatten sich selbst getötet, um der Gefangenschaft zu entgehen. Das war das endgültige Ende des jüdischen Reiches.

▼ Mose führt das Volk Israel aus der ägyptischen Sklaverei. Hinter den Israeliten sieht man die Armee des Pharao im Roten Meer ertrinken.

Die Diaspora

Die Zerstörung des Tempels, die Vernichtung Jerusalems und das Ende des Königreichs Judäa durch die Römer im Jahr 70 n. Chr. ist in der jüdischen Geschichte ein einschneidendes Ereignis. Die Juden verloren das Zentrum ihres Glaubens und ihre Heimat. Sie wurden in alle Welt zerstreut und lebten jahrhundertelang ohne eigenes Staatsgebiet in der „Diaspora" („Vereinzelung" oder „Zerstreuung"). Nach der Zerstörung des Tempels wurden die Rabbinen („Rabbiner" = „Lehrer") zu den führenden religiösen Autoritäten des Judentums. Ihr Hauptanliegen war, die jüdische Religion in der Diaspora auch ohne Tempel auszuüben.

Der jüdische Glaube lebt weiter

Nach der Zerstörung des Tempels schien die Zukunft des Judentums ungewiss. Die Tora war die einzige Hoffnung auf einen Neubeginn für das jüdische Volk. Der geistige Führer dieser Zeit war Rabban Jochanan ben Sakkai. Er erkannte, dass die Juden durch das Studium der Tora und das Bewahren der religiösen Traditionen und Lebensformen auch fern von Jerusalem überleben könnten. Rabban Jochanan ben Sakkai ließ sich mit seinen Schülern in Jawne nieder. Jawne wurde nach dem Verlust von Jerusalem für die jüdische Welt das Zentrum der Gelehrsamkeit und der gemeinsamen Tradition.

Das goldene Zeitalter Spaniens

Viele Juden ließen sich in den Ländern rund um das Mittelmeer nieder, insbesondere im Gebiet des heutigen Spaniens und Portugals. Sie werden als „sephardische Juden" bezeichnet („Sepharad" = Spanien). Im 7. Jh. n. Chr. eroberten die muslimischen Araber den

▲ Das Bild aus dem 14. Jh. zeigt den Gottesdienst in einer nordspanischen Synagoge. Juden und Muslime lebten in Spanien friedlich zusammen. Der Baustil der Araber fand Eingang in den Bau der Synagogen.

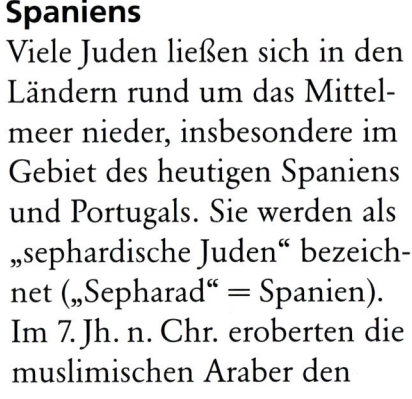

◀ Die Zerstörung des Tempels im Jahr 70 n. Chr. ist auf der Titussäule in Rom dargestellt. Es ist zu sehen, wie römische Soldaten den Tempelschatz rauben.

Nahen Osten, Nordafrika und einen Großteil der Iberischen Halbinsel. Den Juden wurden vor allem in Spanien größere Freiheiten eingeräumt als in anderen Ländern. Im 10. Jh. erreichte die jüdische Kultur in Spanien ihren Höhepunkt: Juden gelangten in hohe Positionen bei Hofe, sie betätigten sich als Dichter und Gelehrte, Kaufleute oder Ärzte. Einer der herausragenden jüdischen Gelehrten dieser Zeit war Moses ben Maimon (auch Maimonides, 1135–1204) aus Cordoba. Der Rechtsgelehrte, Arzt und Rabbiner war der Verfasser einer Reihe bedeutender Werke und schrieb das erste jüdische Gesetzbuch, die „Mischne Tora" („Wiederholung der Tora"). Sein Werk wurde von den Juden zusammen mit dem Talmud studiert und im Laufe der Zeit entstanden Kommentare dazu. Moses ben Maimon stellte 13 Glaubensgrundsätze auf, die bis heute für die Juden verbindlich sind.

Die Juden in Europa

Auch im Gebiet des heutigen Deutschland siedelten sich Juden in Städten wie Köln, Trier, Worms, Mainz und Speyer an. Sie bildeten die Gruppe der aschkenasischen Juden („Aschkenas" = Deutschland). Im 11. Jh. setzte die Kreuzzugsbewegung in Frankreich und Deutschland ein: Nachdem das Grab Christi in Jerusalem in die Hand der muslimischen Seldschuken gefallen war, rief die Kirche zur Befreiung des Grabes auf. Überall versammelten sich Freiwillige, um nach Jerusalem zu ziehen und dort gegen die „Ungläubigen" zu kämpfen. Gleichzeitig kam es zu den ersten verheerenden Judenprogromen. Juden wurden ermordet, weil sie andersgläubig waren und eigene Sitten und Traditionen pflegten. Ausgrenzung und Verfolgung sollten von nun an die weitere Geschichte der Juden prägen.

◀ Unter den deutschen Nationalsozialisten (1933–1945) erreichte die Verfolgung von Juden ihren furchtbarsten Höhepunkt. Aus allen von Deutschland besetzten Ländern wurden die Juden in Konzentrationslager verschleppt und ermordet. Dieses Bild zeigt die Räumung des Warschauer Gettos (1943); die Juden wurden danach in Vernichtungslager transportiert. In Warschau (Polen) lebten 1939 rund 350 000 Juden; sie bildeten weltweit die zweitgrößte jüdische Gemeinde.

Die Tora

Die Tora („Unterweisung, Lehre, Glaubenslehre") umfasst neben anderen Büchern die ersten fünf Bücher der Hebräischen Bibel – Bereschit/Genesis, Schemot/Exodus, Wajikra/Leviticus, Bamidbar/Numeri, Dewarim/Deuteronomium. Sie werden auch als die „Fünf Bücher Mose" bezeichnet. Für Christen ist dieser Teil der Bibel das „Alte Testament" (auch „Erstes Testament").

Die Gesetzesrolle

Innerhalb eines Jahres werden alle fünf Bücher Mose in einem vorgeschriebenen Zyklus bei den Gottesdiensten in der Synagoge vorgelesen. Vorgelesen wird nicht aus einem Buch, sondern aus der Torarolle. Sie besteht aus Pergament, das aus der Haut von Tieren hergestellt wurde, die nach den Speisevorschriften als rein gelten. Die etwa 40 einzelnen Blätter werden von Hand mit einer speziellen Tinte beschrieben und anschließend zusammengenäht. Der Text der Tora wird in Hebräisch von rechts nach links geschrieben. Die Pergamentrolle ist auf zwei Rollen gewickelt. Die Tora wird in einen Toramantel gehüllt und mit einem Toraschild und einer Krone aus Silber geschmückt. Angehängt ist außerdem der Torazeiger („Jad"); das ist eine kleine Hand aus Silber mit ausgestrecktem Zeigefinger, mit dem bei der Lesung auf jedes Wort der Schrift gedeutet wird. Keinesfalls darf die Tora mit der Hand berührt werden.

Aufbewahrt wird die Tora im Toraschrein. Ist eine Tora unbrauchbar oder zerstört worden, wird sie feierlich bestattet.

▲ Torarollen mit Toramantel, Toraschild, Krone und Jad

▶ Tora-Studium in der Schule

◀ Das Studium der Tora spielt im jüdischen Leben eine zentrale Rolle. Die Studenten sollen sie immer wieder lesen, um Gottes Gesetz zu verstehen und zu befolgen.

Die Pflichtenlehre

Neben der Schöpfungsgeschichte, der Geschichte des jüdischen Volkes, Dichtungen und Familiengeschichten enthält die Heilige Schrift die Pflichtenlehre der Israeliten ("Mizwa" = "Gebot, Pflicht"). Die Einhaltung der in ihr enthaltenen 613 Gebote, Verbote, Anweisungen und Belehrungen ("Mizwot") bedeuten für jeden gläubigen Juden eine Verpflichtung. Darin sind nicht nur rituelle und zeremonielle Vorschriften (Beschneidung, Gottesdienst, Speisevorschriften) enthalten, sondern auch das Zivil- und Strafrecht. Die Vorschriften belehren, wie Gott verehrt werden soll und wie sich die Menschen anderen gegenüber zu verhalten haben.

Speisevorschriften

Nahrungsmittel müssen "koscher" (religiös erlaubt) und auf rituell zulässige Art zubereitet werden. Zu den erlaubten Tieren gehören Säugetiere, die Wiederkäuer sind, Vögel und Fische. Sie müssen auf vorgeschriebene Weise geschlachtet werden. Fleisch- und Milchgerichte dürfen weder zusammen gekocht noch gleichzeitig gegessen werden. In streng gläubigen Haushalten gibt es jeweils eine komplette Küchenausstattung für Fleisch- und Milchgerichte.

Die Zehn Gebote *(2. Mose 20, 2–17)*

1. Ich bin der Herr, dein Gott.
2. Du sollst keine anderen Götter verehren und dir kein Bildnis machen.
3. Du sollst den Namen des Herrn, deines Gottes, nicht missbrauchen.
4. Gedenke des siebten Tages und heilige ihn.
5. Du sollst deinen Vater und deine Mutter ehren.
6. Du sollst nicht töten.
7. Du sollst nicht ehebrechen.
8. Du sollst nicht stehlen.
9. Du sollst nicht falsch Zeugnis reden wider deinen Nächsten.
10. Du sollst nicht begehren deines Nächsten Haus.

◀ Mose erhält von Gott die steinernen Gesetzestafeln mit den Zehn Geboten auf dem Berg Sinai.

93

Erzväter, Könige und Propheten

In der Hebräischen Bibel wird von den Erzvätern Israels und herausragenden religiösen und politischen Persönlichkeiten der Frühgeschichte des Volkes Israel berichtet.

Abraham, Isaak und Jakob

Als Abraham 100 Jahre und seine Frau Sara 90 Jahre alt waren, bekamen sie ihren ersten Sohn Isaak. Gott befahl Abraham, Isaak zu opfern, um seinen Gehorsam gegenüber Gott zu beweisen. Schweren Herzens war Abraham zu diesem großen Opfer bereit, doch Gott verschonte Isaak und nahm Abrahams Beweis seiner Ergebenheit und Treue an.

Isaak und seine Frau Rebekka hatten zwei Söhne, die Zwillingsbrüder Jakob und Esau. Schon im Mutterleib stießen sich die beiden gegenseitig. Eine Prophezeiung verhieß Rebekka, dass sie zwei Völker in ihrem Leib trage, wobei ein Stamm dem anderen überlegen sei, und dass der Ältere dem Jüngeren dienen müsse. Nach der Überlieferung fügte Gott, dass der von ihm erwählte Jakob seinen Bruder Esau mit einer List um das Recht des Erstgeborenen betrügen konnte. Jakob floh und kehrte mit zwölf Söhnen nach langer Zeit in seine Heimat zurück. Aus seinen zwölf Söhnen gingen die zwölf Stämme Israels hervor.

▲ Als Zeichen seines Gehorsams sollte Abraham auf Gottes Geheiß seinen Sohn Isaak töten. Doch im letzten Moment, als Gott sich Abrahams Treue sicher war, verschonte Gott Isaak.

Bedeutende Könige

König David schuf eine straffe politische und militärische Organisation und eine Verwaltung des Landes. In erfolgreichen Kämpfen gegen die verfeindeten Nachbarn dehnte er sein Herrschaftsgebiet aus. Zunächst unterwarf er die Philister, dann Gebiete östlich des Flusses Jordan und Teile des heutigen Syriens. Er baute Jerusalem zur Hauptstadt seines Reiches aus. Sein Sohn und Nachfolger Salomo führte die Politik seines Vaters fort, förderte aber auch das geistige und

◀ Jesaja und andere Propheten forderten die Könige und das Volk auf, Gottes Gebote zu befolgen und warnten sie vor Gottes Bestrafung ihrer Sünden.

religiöse Leben. Während Salomos Regierung herrschten Sicherheit und Wohlstand. Er festigte die Beziehungen zu den benachbarten Königreichen und förderte den Handel zwischen den Ländern. So kamen neben fremden Handelswaren auch neue Techniken, zum Beispiel bei der Metallbearbeitung, in das Land. Salomo ließ den ersten Tempel in Jerusalem für die Bundeslade errichten. Sieben Jahre dauerte dieser Bau.

Die Propheten

Die Propheten waren von Gott berufene Personen, die Gottes Willen und Wort verkündeten. Sie ermahnten die Könige und das Volk, Gottes Gebote zu beachten, und warnten vor der verheerenden Strafe für sündiges Verhalten, vor allem für die Verehrung fremder Götter.

Als erster und größter Prophet wird Mose verehrt. Spätere Propheten sind zum Beispiel Elija, Jeremia, Jesaja und Ezechiel. Sie verkündeten auf öffentlichen Plätzen Gottes Wort

▲ Die Bibel erzählt: Jakob, der später von Gott den Namen „Israel" erhielt, träumt von Engeln auf einer Himmelsleiter, die ihm Gott schickte, um ihn fern seiner Heimat nicht allein zu lassen. Jakob baute an seiner Schlafstelle einen kleinen Altar als Dank und zur Erinnerung an diesen Traum.

und trafen Vorhersagen über das Schicksal des Volkes Israel. Oft wurden die Propheten zu politischen Ratgebern der Könige.

Elija prophezeite, dass Israel untergehen würde, wenn das Volk Gottes Gebote weiterhin missachtete. Jeremia und Jesaja sagten das babylonische Exil voraus. Ezechiel verkündete im Exil in Babylon den Wiederaufbau des zerstörten Tempels in Jerusalem.

95

Der Tempel in Jerusalem

Salomo ließ in Jerusalem den ersten Tempel zur Ehre Gottes errichten. Das Vorbild für den Tempel war das Stiftszelt, das Mose nach Anweisungen Gottes in der Wüste errichtet hatte. Das große Zelt bestand aus einem Rahmen aus Akazienholz, über das Vorhänge gelegt wurden. Es gab einen äußeren Raum, den nur Priester betreten durften, und das Allerheiligste mit der Bundeslade.

Die Bundeslade

Die Bundeslade war das Heiligtum der Israeliten. In dem rechteckigen Kasten aus Akazienholz wurden die Steintafeln mit den Zehn Geboten Gottes aufbewahrt. Das Holz der Truhe war mit Gold überzogen, der Deckel war aus massivem Gold. Die Truhe trugen die Israeliten auf ihrem Zug durch die Wüste in das gelobte Land auf Tragestangen mit sich. Der Raum des Stiftszeltes, in dem die Bundeslade aufbewahrt wurde, war das Allerheiligste und durfte nur am Versöhnungstag vom Hohepriester betreten werden.

Der erste Tempel

Der Bau des Tempels dauerte sieben Jahre. Der Tempel wird in der Hebräischen Bibel im „Buch der Könige" beschrieben. Der Eingang, der im Osten lag, führte in eine Vorhalle, die sich zum Vorhof öffnete. Westlich daneben lagen der Hauptraum und das Allerheiligste mit der Bundeslade. Um diese beiden Räume herum befanden sich kleinere Kammern. Der Hauptraum mit dem Altar war mit Zedernholz getäfelt, das Allerheiligste mit Gold ausgekleidet.

Im Allerheiligsten wurde die Bundeslade aufbewahrt. Nach der Zerstörung des ersten Tempels blieb das Allerheiligste leer, denn die Bundeslade war verschwunden.

Vor der Opferung reinigte man die Opfertiere in fahrbaren Wasserbehältern.

◄ Dieser Blick auf Jerusalem zeigt den Felsendom und davor die Klagemauer.

▼ Der von König Salomo errichtete Tempel war das geistige Zentrum Jerusalems und des ganzen Königreichs. Er bestand aus mehreren Gebäuden, die jeweils von einem Hof umgeben waren. Hier ist der innerste Hof der Priester mit dem Opferaltar und den Bronzebecken für die rituellen Waschungen zu sehen.

Brandopfer oder Schlachtopfer (Stiere, Böcke, Lämmer) wurden Gott als Dank oder als Sühne für begangene Sünden dargebracht.

Der zweite Tempel

Dieser Tempel wurde 586 v. Chr. von den Babyloniern zerstört. Die Bundeslade soll vernichtet worden sein, doch bis heute wird gerätselt, wohin sie verschwunden ist. Manche vermuten, dass sie sich zum Beispiel unter dem Kreuzigungsort von Jesus Christus befindet.

Nach der Rückkehr der Israeliten aus Babylon wurde mit dem Aufbau eines zweiten Tempels begonnen. Unter König Herodes dem Großen wurde dieser Tempel erweitert und prächtig ausgebaut. 70 n. Chr. wurde er jedoch von den Römern wieder zerstört.

Die noch erhaltene Westwand der ehemaligen Umfassungsmauer, die „Klagemauer", ist heute der heiligste Ort der Juden. Die Gläubigen sprechen dort ihre Gebete oder schreiben sie auf Papier, das sie zwischen die Steine stecken. Der Bibel zufolge wird bei der Ankunft des Messias der Tempel wieder errichtet werden und das Reich Gottes wird auf die Erde kommen.

▲ Der größte noch bestehende Teil des Tempels ist die Westwand der Umfassungsmauer: die Klagemauer. Gläubige Juden kommen zum Gebet hierher.

Der jüdische Gottesdienst

Nach der Vertreibung aus Israel im Jahr 70 n. Chr. entstanden in den Ländern der Diaspora Synagogen („Haus der Zusammenkunft"), in denen die Juden die Heilige Schrift studierten. An die Stelle der Schlacht- und Brandopfer trat die Lesung aus der Tora. Egal, wohin die Juden gezogen waren – täglich beten sie in Richtung Jerusalem, in der Hoffnung, eines Tages wieder dort zu sein und den Tempel neu aufzubauen. Der Segensspruch des Passahfestes lautet deshalb auch: „Nächstes Jahr in Jerusalem".

In der Synagoge

Strenggläubige Juden gehen morgens, mittags und abends in die Synagoge ihrer Gemeinde. Diese Abfolge ahmt die Form des Tempeldienstes nach. Damit ein Gottesdienst stattfinden kann, müssen mindestens zehn Männer anwesend sein („Minjan", „Zehnzahl"). Im Mittelpunkt des Gottesdienstes steht das Vorlesen eines Abschnittes aus der Tora von einem erhöhten Platz aus, der „Bima". Der Gottesdienst folgt einer Liturgie, das heißt Gebete, Hymnen und Lieder werden in einer festgelegten Reihenfolge verlesen und gesungen. Es gibt keinen Priester, der den Gottesdienst leitet; der Kantor oder der Vorbeter führt das Gebet.

Ein Rabbiner hat keine priesterlichen Aufgaben im Gottesdienst. Er ist als Lehrer, Prediger, Seelsorger und Ratgeber in Lebensfragen und Rechtsstreitigkeiten in der Gemeinde tätig. Er wird von der Gemeinde gewählt und bezahlt.

Während von den Männern erwartet wird, dass sie ihre Zeit so einteilen, dass sie am Gebet teilnehmen können, sind Frauen nicht zum Gottesdienst verpflichtet. Sie müssen beten, können dies aber überall und jederzeit tun. Nach der Tradition nehmen Frauen und Männer getrennt am Gottesdienst teil. Frauen sitzen erhöht auf einem Balkon oder seitlich in der Synagoge.

▲ Ein Mädchen entzündet an Chanukka (Lichterfest zur Erinnerung an die Wiedereinweihung des zweiten Tempels) die Kerzen eines neunarmigen Leuchters.

▶ Vor dem Sabbatmahl werden Wein und Brot gesegnet.

▲ Rituelle Handwaschung

▼ Männer und Jungen tragen in der Synagoge ein Käppchen („Kippa", „Jarmulke"), zu Morgengebet, Sabbat und Festtagen auch den Gebetsschal („Tallit").

Der Sabbat

Der Höhepunkt der Woche ist der Sabbat, der Ruhetag, der nach dem vierten Gebot gewahrt werden muss. Der Sabbat (auch „Schabbes") beginnt am Freitagabend bei Sonnenuntergang; er erinnert daran, dass Gott am siebten Tag der Schöpfung ruhte. Weil am Sabbat kein Feuer entzündet und gekocht werden darf, werden am Freitag die Mahlzeiten vorbereitet und warmgehalten. Außerdem wird das Sabbatbrot gebacken oder gekauft. In der Synagoge wird der Sabbat eingeweiht. Mit dem „Kiddusch" wird der Wein gesegnet, mit dem der Sabbat gefeiert wird. Danach versammelt sich die Familie zu Hause um den Sabbattisch. Die Sabbatlichter werden von der Mutter entzündet. Die Kinder empfangen den Segen der Eltern. Der Vater oder der älteste Sohn segnet den Wein und das Brot. Nach der Mahlzeit sitzt die Familie zusammen. Am Sabbat selbst wird jede Arbeit eingestellt. Der Tag ist dem Gottesdienst, dem Gebet und dem Studium religiöser Werke vorbehalten. Der Sabbat endet bei Einbruch der Nacht mit dem Abendgebet, häufig mit einem gemeinsamen Abendessen. Am Schluss wird die Sabbatkerze mit etwas Wein ausgelöscht. Die Bessamin-Büchse, die feine Kräuter enthält, wird geöffnet, um mit dem aufsteigenden Duft die Trauer um das Ende des Sabbats zu vertreiben.

Schriften des Judentums

Neben den fünf Büchern Mose, der „schriftlichen Tora", soll Mose von Gott auch die „mündliche Lehre" erhalten haben. Sie besteht aus Religionsgesetzen für alle Bereiche („Halacha") und Geschichten und Gleichnissen („Aggada"). Die mündliche Lehre wurde lange Zeit nur mündlich weitergegeben. Später wurde sie geordnet und schriftlich in der „Mischna" („Lehre durch Wiederholung") festgehalten.

Die verschiedenen Deutungen und Bearbeitungen der Mischna, die im Laufe der Jahrhunderte folgten, wurden in der „Gemara" („Ergänzung") festgehalten. Beide Teile zusammen bilden den „Talmud" („Lernen, Lehre, Studium").

Der Talmud

Der Talmud ist im Laufe vieler Jahrhunderte entstanden und enthält im Wesentlichen die Betrachtung und Auslegung der Gebote der Tora zu geistigen, religiösen, sozialen, politischen oder wissenschaftlichen Fragen von über 3000 verschiedenen Gelehrten. Diese Erörterungen wurden zunächst mündlich von den Gelehrten an die nachfolgenden Generationen weitergegeben. Rabbi Juda Hanasi sammelte um 200 n. Chr. das Material und ordnete es zur „Mischna".

Sie ist in sechs Ordnungen gegliedert und umfasst 63 Traktate (Abhandlungen). Diese sind unterteilt in Kapitel und Lehrsätze. Die „Gemara" erklärt und kommentiert die Texte der Mischna.

Die Mischna wurde in den jüdischen Schulen maßgebend für das Studium und sorgt bis heute unter den Talmudschülern für heftige Diskussionen über ihre Auslegung.

▲ Die Torarollen werden in kunstvoll verzierten Torakästen aufbewahrt. Es sind keine menschlichen Figuren abgebildet, gemäß dem Gebot, dass sich der Mensch kein Bildnis vom unsichtbaren Gott machen darf.

Das Talmudstudium

Schon früh werden die Kinder darin unterwiesen, welche Gebote es gibt und wie man sie befolgt. Zunächst lernen sie in den Familien von ihren Eltern, dann in der Synagoge. Später können Jungen die Talmudschule, die „Jeschiwa", besuchen. Dort studieren und diskutieren sie die Schriften, bis sie etwa zwanzig Jahre alt sind. Für die Ausbildung zum Rabbiner muss ein Studium

◄ Die Rabbinerin liest aus der Tora vor. Die Schrift darf nicht mit der Hand berührt werden, deshalb wird ein Torazeiger benutzt, um auf die Worte zu deuten.

*„Siehe, ich lege euch heute vor
den Segen und den Fluch:
den Segen, wenn ihr gehorcht
den Geboten des Herrn,
eures Gottes …;
den Fluch aber, wenn ihr nicht
gehorchen werdet
den Geboten des Herrn,
eures Gottes."*

5. Mose 11, 26–28

an einer Hochschule für jüdische Studien abgeschlossen werden. Bei den traditionellen (orthodoxen) Juden ist es Mädchen und Frauen nicht erlaubt, die Schriften zu studieren. Ihre religiöse Pflicht besteht darin, sich um den Haushalt zu kümmern und die Kinder großzuziehen. Frauen sind auch von der Pflicht befreit, regelmäßig am Gottesdienst in der Synagoge teilzunehmen. Heute nehmen moderne Talmudschulen auch Mädchen auf; manche werden zur Rabbinerin ausgebildet. Die traditionellen Juden erkennen Rabbinerinnen nicht an.

Das „Schema Israel"

Das erste Gebet, das jüdische Kinder lernen, ist das „Schema Israel" („Höre Israel"). Es besteht aus drei Abschnitten aus der Tora und ist das jüdische Glaubensbekenntnis. Es wird morgens und abends gebetet und am Sabbat und an Festtagen in der Synagoge gesprochen.

„Höre Israel: Der Ewige – unser Gott, der Ewige – einer!
Gelobt der Name der Ehre, seine Herrschaft für immer und ewig!"
(Auszug)

◀ Das Studium des Talmud beginnt schon im Kindesalter.

Feste und Bräuche

Das neue Jahr beginnt für die Juden mit Rosch ha-Schana, dem Neujahrsfest (September) und mit den Zehn Bußtagen, um sich die Fehler des vergangenen Jahres in Erinnerung zu rufen und für das neue Jahr gute Vorsätze zu fassen. Mit dem Blasen des Widderhorns („Schofar") werden alle Sünder zur Buße aufgerufen. Rosch ha-Schana soll daran erinnern, dass über alle Taten gerichtet werden wird. Nach alter Tradition isst man in Honig getunkte Äpfel und wünscht sich ein mildes Neues Jahr ohne Krankheiten oder anderes Unglück. Jom Kippur ist der letzte der Zehn Bußtage und der heiligste Tag im jüdischen Kalender.

Der Versöhnungstag

Jom Kippur bildet den Höhepunkt der zehntägigen Selbstbefragung. Die Gläubigen bekennen ihre Sünden, die sie gegen Gott und ihre Mitmenschen begangen haben, und beten dafür, dass Gott ihnen verzeiht. Der Versöhnungstag ist ein Fastentag und dient der Prüfung und inneren Einkehr. Früher war dies der einzige Tag des Jahres, an dem der Hohepriester mit einem Opfer um Vergebung für die Sünden der Menschen bat und das Allerheiligste mit den Zehn Geboten im Jerusalemer Tempel betreten durfte.

In der Synagoge findet ein ganztägiger Gottesdienst statt. Jeder gläubige Jude nimmt daran teil. Der Versöhnungstag beginnt am Abend des Vortages und endet bei Sonnenuntergang des folgenden Tages.

▲ Für das Sukkot-Fest errichten diese jüdischen Schulkinder Laubhütten zur Erinnerung an die Zeit in der Wüste nach dem Auszug aus Ägypten.

◄ Eine Familie entzündet die Chanukka-Kerzen. Das Lichterfest erinnert an die Wiedereröffnung des Tempels, nachdem er von den Syrern entweiht worden war.

Das Laubhüttenfest

Fünf Tage nach Jom Kippur findet Sukkot, das einwöchige Laubhüttenfest, statt, an dem die Juden sich daran erinnern, wie Gott für das Volk Israel sorgte, als es 40 Jahre lang durch die Wüste ins gelobte Land zog. Zur Erinnerung an die Zeit der Wanderschaft, in der die Menschen in Zelten schlafen mussten, werden zu Hause oder in der Synagoge Laubhütten („Sukkot") errichtet. Am letzten Abend des Sukkot findet in der Synagoge „Simchat Tora" statt, das Fest der Torafreude. Die Rollen werden bei Gesang und Tanz durch die Synagoge getragen.

„So sollst du nun den Herrn, deinen Gott, lieben und sein Gesetz, seine Ordnungen, seine Rechte und seine Gebote halten dein Leben lang."

5. Mose 11,1

Das Lichter- oder Weihefest

Chanukka erinnert an die Wiedereinweihung des zweiten Tempels nach dem Sieg der Makkabäer über die Syrer, die den Tempel dem Gott Zeus geweiht hatten. Nachdem der Tempel wieder gereinigt war, sollte das ewige Licht angezündet werden. Obwohl das Öl nur für einen Tag reichte, leuchtete die Lampe nach einer Legende wundersamerweise acht Tage lang. Daran wird mit der Entzündung der Kerzen auf dem neunarmigen Leuchter „Chanukkia" erinnert. Der neunte Arm trägt eine „Dienerkerze", mit der an jedem Tag eine weitere Kerze angezündet wird.

Das Passahfest

Dieses Fest, auf Hebräisch „Pessach" („Verschonung"), wird am ersten Vollmond des Frühlings gefeiert und erinnert an den Auszug aus Ägypten. Das Fest dauert acht Tage. Nach der biblischen Überlieferung sandte Gott zehn Plagen, die den Pharao dazu bewegten, die Israeliten freizulassen.

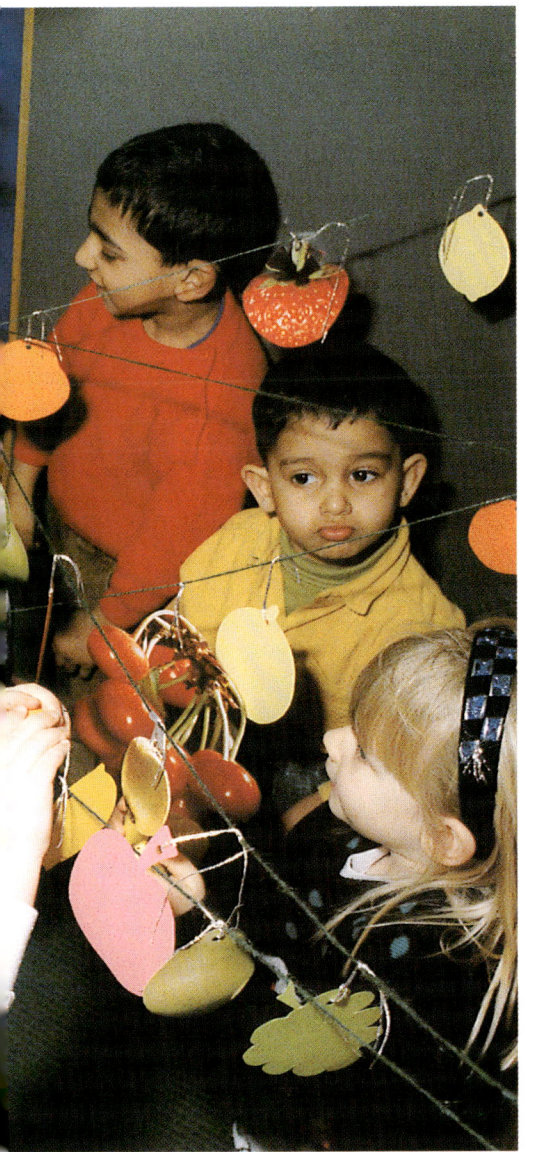

▶ Mit dem Schofar (Widderhorn) werden an Rosch ha-Schana die Juden zur Buße aufgerufen.

103

Zuerst verwandelte Gott alle Gewässer in Blut, dann folgten eine Frosch-, eine Stechmücken- und eine Stechfliegenplage. Dann starb das Vieh der Ägypter, und die Menschen wurden mit Blattern geschlagen. Auf Hagel und eine Heuschreckenplage folgten drei Tage Finsternis. Dann ging die letzte und schlimmste Strafe auf die Ägypter nieder: Der Engel des Todes tötete jeden Erstgeborenen der Ägypter, verschonte jedoch die Kinder Israels. Die Israeliten mussten ein Lamm schlachten und mit seinem Blut ihre Türpfosten bestreichen, damit der Engel an ihren Türen vorüberging. Sie aßen in dieser Nacht vor dem Auszug aus Ägypten in aller Eile ungesäuertes Brot aus Wasser und Mehl (Mazzen) und bittere Kräuter.

Die Familie versammelt sich am Passahfest an zwei Abenden um den „Sedertisch" („Seder" = „Ordnung"). Auf dem Tisch steht der Sederteller mit einem Knochen, einer Schale mit Salzwasser, einem Ei und bitteren Kräutern. Außerdem gibt es Mazzen. Dann wird aus der Pessach-Haggada vorgelesen, der Geschichte des Auszugs aus Ägypten.

▲ Die Feier des Passahfestes

Schawuot

wird 50 Tage nach dem zweiten Tag des Passahfestes gefeiert. Es erinnert an die Übergabe der Tora an Mose auf dem Berg Sinai. In der Synagoge, die häufig mit Blumen und Obst geschmückt ist, um die ersten Früchte des Jahres zu feiern, werden die Zehn Gebote verlesen.

Das Fest der Lose

Purim, das Fest der Lose, ist ein kleinerer Festtag (Februar/März). Es erinnert an den Sieg Esters und ihres Onkels Mordechai über Haman, den Minister des persischen Königs. Dieser hatte gedroht, das jüdische Volk zu vernichten und mit dem Los (Purim) zu entscheiden, an welchem Tag er seine Drohung wahr machen werde. Purim ist wegen der Rettung der Juden ein Freudenfest und ähnelt Karneval; es gibt Purimbälle und -umzüge, bei denen sich vor allem Kinder verkleiden.

Die Seder-Mahlzeit
Das Passahmahl unterliegt dem „Seder" („Ordnung"). Bittere Kräuter erinnern an die Sklaverei, Ei und ein Lammknochen an das rituelle Opfer. Salzwasser versinnbildlicht die Tränen der Israeliten und eine Mischung aus gehackten Mandeln, Äpfeln, Zimt und Wein steht für den Ton, mit dem sie die Gebäude des Pharao errichten mussten. Das ungesäuerte Brot, die Mazze, gilt als Brot des Kummers.

104

▶ Eine jüdisches Hochzeitspaar unter der Chuppa (Baldachin). Sie ist Symbol für das Dach des neuen Hauses, das das Paar gründen wird.

▼ Beim Morgengebet tragen gläubige Juden den Gebetsschal und Gebetsriemen, die „Tefillin". An ihnen sind kleine Würfel befestigt, die kleine Pergamentrollen enthalten, auf die neben anderen Texten aus der Bibel das Glaubensbekenntnis „Schema Israel" geschrieben wurde. Die Lederriemen werden um Arme und Stirn gebunden. Mit den Tefillin tragen die Juden das Wort Gottes an ihrem Körper.

Jüdischer Lebenskreis

Als Nachkommen des Urvaters Abraham gehören die Juden einer „Familie" an, deren Mitglieder die großen Lebensereignisse gemeinsam feiern. Kurz nach der Geburt werden die Jungen als Erinnerung an Gottes Bund mit Abraham beschnitten und die Mädchen erhalten den Segen. Die Jungen werden mit 13 Jahren und der Feier der Bar Mitzwa („Sohn der Pflicht") zu den erwachsenen Gläubigen aufgenommen. Die Mädchen werden mit zwölf Jahren Bat Mitzwa, „Tochter der Pflicht". Die Gründung einer Familie ist für gläubige Juden Pflicht. Die Ehepartner sollen jüdischen Glaubens sein und jung heiraten, um viele Nachkommen zu zeugen. Eine Hochzeit ist ein sehr festliches Ereignis, bei dem die ganze Gemeinde mitfeiert. Das Paar heiratet unter einer Chuppa, einem Baldachin; sein Vorbild ist die Brautlaube, in die sich früher die Frischverheirateten nach der Trauung zurückzogen. Der Bräutigam zertritt nach der Trauung ein Glas in Erinnerung an die Verbannung der Juden aus Jerusalem.

Jüdische Beerdigungen finden meist 24 Stunden nach dem Tod eines Menschen statt. Zum Zeichen der Trauer reißen die nächsten Angehörigen ihre Kleider ein. Die Zeremonie des Abschieds wird beendet durch das Kaddisch-Gebet, das vom Sohn des oder der Verstorbenen gesprochen wird.

Religiöse Gruppen

Im 19. Jh. spaltete sich das Judentum in drei Gruppierungen auf: orthodoxe, konservative und Reformjuden. Sie unterscheiden sich in erster Linie in der Liturgie des Gottesdienstes und in der Beachtung der Gebote. Trotz aller Gegensätze unter den Juden hat sich das Judentum nicht wie das Christentum und der Islam in unterschiedliche Konfessionen aufgespaltet.

Orthodoxes Judentum

Orthodoxe Juden halten strikt an den Traditionen und althergebrachten Lebensweisen fest. Sie befolgen alle Gebote der Tora: das Sabbatgebot, die Speisevorschriften, die Abtrennung der Frauen in Synagogen und das Verbot für Frauen, die Schriften zu studieren. Im Jerusalemer Viertel Mea Schearim leben ultra-orthodoxe Juden in ihren Gemeinden. Die Männer widmen sich dem Torastudium und besuchen die Talmudschulen. Da der strenge Tagesablauf keine Erwerbstätigkeit erlaubt, werden die Familien staatlich unterstützt.

Chassidismus

„Chassidim" ist Hebräisch und bedeutet „die Frommen". Die religiöse Bewegung des Chassidismus entstand um 1750 in der Ukraine und in Polen. Die Chassidim betonten Frömmigkeit und große religiöse Freude, die sich bei Tanz und Gesang zu Ekstase und völliger Entrückung steigern konnte. Die Juden lebten häufig in Armut abgeschlossen von der übrigen Welt in kleinsten Gemeinden. Traditionellerweise studierten die Männer die heiligen Schriften, während die Frauen Haus und Kinder versorgten. Begabte Jungen wurden auf die Jeschiwa geschickt. Dort wurde der Talmud studiert; andere Fächer gab es nicht. Mit der Ermordung der osteuropäischen Juden während des Zweiten Weltkriegs wurde auch der Chassidismus vernichtet. Heute lebt die Mehrheit der Chassidim in New York (USA) und Israel.

▼ Die sephardischen Juden aus Afrika oder dem Orient stellen heute etwa die Hälfte der jüdischen Bevölkerung Israels.

Die Chassidim tragen Bärte und die traditionellen Schläfenlocken, verheiratete Frauen bedecken ihr Haar mit einer Perücke. Die Chassidim sprechen Jiddisch. Jiddisch ist eine Mischsprache aus Mittelhochdeutsch und slawischen Dialekten, die vor allem in Osteuropa gesprochen wurde.

Reformjudentum und konservatives Judentum

Im 19. Jh. kamen in Deutschland Reformbewegungen auf, die nicht nur die Liturgie des Gottesdienstes änderten, sondern auch eine neue Ausrichtung innerhalb des Glaubens verfolgten.

Die Reformjuden verzichteten auf die traditionelle Bindung an das heilige Land und auf die Hoffnung nach Rückkehr dorthin. Bräuche und Glaubensregeln, die nicht mehr der Zeit entsprechen, wurden nicht mehr befolgt. Der Gottesdienst wurde nicht in Hebräisch, sondern in der jeweiligen Landessprache gefeiert. Instrumentalmusik ist seither Bestandteil der Liturgie. Frauen werden zum Studium zugelassen und können ein Rabbinat übernehmen. Parallel zum Reformjudentum bildete sich in Deutschland das konservative Judentum heraus. Die Konservativen befolgen weitgehend die Gebote und rituellen Vorschriften, haben aber liturgische Formen von den Reformjuden übernommen.

Der Zionismus

„Zion" war der biblische Name für das „Heilige Land", die Heimat der Juden. Die Bewegung des Zionismus verfolgte das Ziel, die Juden aus der Diaspora nach Israel zurückzuführen. Bereits im ausgehenden 19. Jh. wanderten viele Juden dorthin aus. Theodor Herzl (1860–1904) gilt als Begründer des politischen Zionismus. Angesichts des Antisemitismus in Europa wurde Israel als Zuflucht für die Juden angesehen. Herzl wollte dort eine Demokratie errichten. Aus aller Welt strömten Juden nach Israel und bildeten inmitten der Araber, die das Land seit Jahrhunderten bewohnten, Siedlungsgemeinschaften. Bald kam es zu schweren Auseinandersetzungen zwischen Juden und Arabern. 1947 wurde Palästina in einen jüdischen und einen arabischen Staat geteilt. Im Jahr 1948 wurde der Staat Israel gegründet. Bis heute ist es zwischen Juden und Palästinensern nicht zu einer Einigung gekommen.

1948 wurde der Staat Israel gegründet. Der jüdische Glaube wurde zur vorherrschenden Religion der Gesellschaft. Religion hat in der Politik des Landes großen Einfluss.

Christentum

Das Christentum hat seinen geschichtlichen Ausgangspunkt in Jesus von Nazareth. Man nimmt an, dass Jesus gegen Ende der Regierungszeit des jüdischen Königs Herodes, wahrscheinlich im Jahr 6/7 vor unserer Zeitrechnung, in Palästina geboren wurde. Im Alter von 28 bis 29 Jahren begann er in seiner Heimatprovinz Galiläa die Botschaft vom Reich Gottes zu verkünden. Dort scharte er seine ersten Jünger (Schüler, Anhänger) um sich, die später nach seinem Tod als Apostel („Gesandte") die Frohe Botschaft, das „Evangelium", in seinem Auftrag verkündeten. Weil die Apostel und Jünger an Jesus als den von Gott gesandten endgültigen Heilbringer (Heiland) für die Welt glaubten, war er für sie nach der hebräischen Bezeichnung der „Messias" („Gesandter Gottes"), was auf Griechisch „Christos" bedeutet. Aus diesem Bekenntnis zu Jesus entstand die Religionsbezeichnung „Christentum".

▼ Jesus erwählte in Erinnerung an die zwölf Stämme Israels zwölf Jünger (Apostel), die er aussandte, um das Wort Gottes zu verkünden. Für sie war er der Messias, der in der Hebräischen Bibel angekündigt wird. Am Abend vor seinem Tod am Kreuz versammelte Jesus seine Apostel zum letzten Abendmahl. Dort sprach er über Brot und Wein: „Das ist mein Leib – das ist mein Blut"… „tut das zu meinem Gedächtnis."

Die Bibel

Jesu Botschaft, Leben und Wirken wurde nach seinem Tod zunächst mündlich überliefert. In den folgenden Jahrzehnten fand die Vertiefung und Entfaltung des Christusglaubens dann ihren schriftlichen Niederschlag als „Evangelium Jesu Christi". Die zeitlich versetzt entstandenen Schriften der Evangelisten Matthäus, Markus, Lukas und Johannes bilden zusammen mit Briefen an Gemeinden das „Neue (Zweite) Testament". Dieses bildet zusammen mit dem Alten (Ersten) Testament die Heilige Schrift des Christentums, die Bibel (griechisch: „Buch"). Die Evangelien erzählen dieselben Geschichten in ähnlicher Sprache. Weil sie Textteile voneinander übernommen haben, werden sie „synoptisch" („zusammenschauend") genannt. Das Markus-Evangelium gilt als das älteste, von dem die Evangelisten Lukas und Matthäus Teile übernahmen. Johannes verfasste eine eigene theologische Darstellung der Bedeutung Jesu für die Menschen.

▲ Zum Gedächtnis an Jesus feiern die Christen bis heute das Abendmahl. So halten sie eine dauernde Gemeinschaft („Kommunion") mit ihm. Diese Feier wird auch „Eucharistie" („Danksagung") genannt.

▼ Seit seinen Anfängen im Mittelmeerraum hat sich das Christentum über die gesamte Erde ausgebreitet. Hier feiern Christen in Peru an Palmsonntag den Einzug Jesu in Jerusalem.

Die Botschaft Jesu

Jesus wurde um das Jahr 30 wegen Aufstandes gegen den Kaiser in Rom verurteilt und am Kreuz hingerichtet. Seine Anhänger bildeten eine kleine Gemeinschaft, die in Jerusalem lebte. In den Evangelien wird berichtet, dass Jesus drei Tage nach seiner Kreuzigung von den Toten auferstand und seinen Jüngern erschien. Die Jünger verkündeten, dass Jesus auferstanden und in den Himmel aufgefahren sei. Die Bibel berichtet, wie die Jünger zu Pfingsten vom Heiligen Geist erfüllt wurden. Dadurch fühlten sie sich beauftragt, die Botschaft Jesu in die Welt hinauszutragen. Das Christentum verbreitete sich zunächst in Palästina, Kleinasien und in den Küstenstädten Griechenlands. Das Kreuz wurde im Laufe der Zeit zum Symbol des christlichen Glaubens als Siegeszeichen über Sünde und Tod.

Die Geschichte des Christentums

Seit seinen Anfängen als Gemeinschaft von zwölf Jüngern und den nach dem Tod und der Auferstehung Jesu sich überall bildenden Urgemeinden hat sich das Christentum in seinen verschiedenen Gliedkirchen und Bekenntnissen weltweit verbreitet. Etwa 30 Prozent der Weltbevölkerung ist christlichen Glaubens.

Die Ausbreitung des Christentums

Missionare („Hinausgesandte") verbreiteten die christliche Botschaft und Lehre auf der ganzen Erde. Der erste große Missionar, der das Christentum nach dem Tod Jesu verbreitete, war der Apostel Paulus. Ursprünglich hatte er die Christen verfolgt, bis ihm Christus in einer Vision erschien. Danach bekannte er sich zum christlichen Glauben und widmete sein ganzes Leben der Verbreitung der Botschaft Christi.

Paulus kam auf seinen Reisen durch die wichtigsten Städte des östlichen Mittelmeerraumes und schließlich nach Rom, die Hauptstadt des römischen Reiches. Trotz der zeitweiligen Verfolgung durch die römischen Behörden wurden überall im römischen Reich christliche Kirchen errichtet. 312 n. Chr. trat der römische Kaiser Konstantin der Große zum Christentum über und machte es zur offiziellen Staatsreligion.

▲ Zwischen 46 n. Chr. und 62 n. Chr. führten missionarische Reisen Paulus rund um das Mittelmeer. Die schwarze Linie zeigt die erste Reise (46–48 n. Chr.), die grüne Linie die zweite Reise (49–52 n. Chr.), die rote Linie die dritte Reise (53–57 n. Chr.). Auf seiner vierten Reise (59–62 n. Chr., violette Linie) kam Paulus bis nach Rom.

▼ Der Einsiedler Petrus spricht zu Kreuzrittern, die das Heilige Land 1096 n. Chr. von den „Ungläubigen", den Muslimen, befreien wollen.

▶ Maria wird als die Mutter von Jesus sehr verehrt.

Die christlichen Kirchen

In der Geschichte des Christentums hat es immer wieder Glaubenskämpfe und Auseinandersetzungen um die christliche Lehre gegeben. Auch bevor Kaiser Konstantin das Christentum als Religion im römischen Reich duldete, hatten sich verschiedene Glaubensrichtungen im Christentum herausgebildet. Jahrhundertelang gab es zwei Hauptströmungen: die in Westeuropa verbreitete lateinische (später römisch-katholische) Kirche mit dem Papst in Rom als Oberhaupt, und die Ostkirche (später orthodoxe) Kirche mit dem Zentrum in Konstantinopel und dem byzantinischen Kaiser als ihrem Oberhaupt (bis 1453).

▼ Kathedralen sind beeindruckende Monumente des christlichen Glaubens. Auf diesem Bild aus dem 15. Jh. ist der Bau einer Kathedrale dargestellt.

Die Teilung der Kirche

Im 16. Jh. wandten sich Reformer wie Martin Luther und Johannes Calvin gegen Missstände in der römisch-katholischen Kirche. Der Theologe Martin Luther (1483–1546) verurteilte insbesondere den Ablasshandel der Kirche. Dabei gewährten Ablassprediger gegen Bezahlung einen Ablass von den Sünden. So sollten sich die Menschen den Weg in den Himmel erkaufen können. Luther ging noch weiter. Er verkündete, dass für die Gläubigen die Bibel die einzige Autorität sei.

Die römisch-katholische Kirche dagegen versteht neben der Bibel die Autorität der Kirche unter Führung aller Bischöfe und dem Papst als den von Jesus eingesetzten Nachfolgern der Apostel.

Es entstanden verschiedene reformatorische Glaubensgemeinschaften. Schon Mitte des 16. Jh. war ein Großteil Europas protestantisch.

Im 20. Jh. wurden die Bemühungen verstärkt, die Trennung der Kirchen durch theologische Gespräche und gemeinsame Veranstaltungen (Gottesdienste) zu überbrücken und aufeinander zuzugehen.

Das Leben Jesu

Über die historische Existenz Jesu wissen wir durch außerchristliche Schriften der damaligen Zeit und durch die vier Evangelien des Neuen Testaments. Die Geschichten über das Leben und Wirken Jesu wurden zunächst mündlich überliefert und erst 35 Jahre nach seinem Tod zum ersten Mal niedergeschrieben. In den Evangelien werden die wichtigsten Worte und Taten Jesu aus der jeweiligen Glaubensperspektive der vier Schreiber überliefert. Die Evangelien sind die Verkündigung der Botschaft und keine Biographie Jesu.

▲ Auf dem Gemälde „Jesus im Haus seiner Eltern" stellt John Everett Millais Jesus als Sohn eines Zimmermanns dar.

Jesus Christus

Nach der ältesten Überlieferung war Jesus der Sohn des jüdischen Zimmermanns Josef und seiner Frau Maria. Jesus stammte aus Nazareth in Galiläa. Im Alter von etwa 28 oder 29 Jahren verließ er seine Familie und begann zunächst in Galiläa umherzuwandern und zu predigen, Kranke zu heilen und Wunder zu wirken. Aus seiner Anhängerschaft wählte er 12 Apostel aus, die ihn begleiteten. In seinen Predigten kündigte Jesus das Kommen eines Reichs an, das nicht von dieser Welt sei. Jesus gewann Einfluss auf große Teile des Volkes. Darin sahen die Priester und Schriftgelehrten der Juden eine Gefahr für ihre eigene Autorität. Vor dem jüdischen Passahfest, das an den Auszug aus Ägypten erinnert, wurde Jesus verhaftet und dem römischen Statthalter übergeben. Jesus wurde vom jüdischen Hohen Rat wegen Gotteslästerung angeklagt und vom römischen Statthalter Pontius Pilatus wegen Anmaßung der Königswürde gekreuzigt.

◄ Auf diesem Gemälde Piero della Francescas (um 1419–1492) tauft Johannes der Täufer Jesus, dessen Wirken nun beginnen kann. Die Taube symbolisiert den Heiligen Geist.

▲ Eines der Wunder Jesu ist die Speisung der Fünftausend (Matthäus 14, 13–21). Viele Menschen hatten sich versammelt, um Jesus predigen zu hören. Sie wurden alle mit nur fünf Broten und zwei Fischen gespeist.

*„Ich bin die Tür;
wer durch mich hineingeht,
wird gerettet werden."*

Johannes 10, 9

Wunder

Die Bibel erzählt von zahlreichen Wundern, die Jesus vollbrachte. Bei einer Hochzeitsfeier in Kanaan verwandelte er zum Beispiel Wasser in Wein (Johannes 2, 1–11). Er heilte Kranke und ließ Tote wieder aufstehen als Symbol für das neue, von ihm geschenkte Leben über den Tod hinaus. Im christlichen Glauben gelten Wunder als Zeichen, die auf Gottes neue Welt vorausweisen. So will die Verwandlung des Wassers, das den Juden zur rituellen Reinigung diente, in den Wein, dem Symbol festlicher Freude, ein Zeichen für die Verwandlung der Welt und der Menschen durch die Botschaft Jesu sein. Jesus wirkte viele Wunder, aber entscheidend war für ihn der Glaube, der Gott ganz vertraut.

Ein Freund der Verstoßenen und Außenseiter

Jesus hielt sich oft in Gesellschaft von Frauen oder Menschen auf, die aus der Gesellschaft ausgestoßen waren: Aussätzige, Zöllner oder Prostituierte. Jesus war bei den einfachen Leuten beliebt, denn er sprach eine Sprache, die sie verstanden. Durch seine Herzlichkeit und seine Heilsbotschaft unterschied sich Jesus klar von den übrigen religiösen Bewegungen der damaligen Zeit. In Gleichnissen aus dem alltäglichen Leben verkündete Jesus, dass jedem, der zu ihm umkehre, Erlösung von seinen Sünden und ewiges Leben zuteil werde. Das Matthäus-Evangelium schließt mit dem Versprechen Jesu: „Und siehe, ich bin bei euch alle Tage bis an der Welt Ende." (Matthäus 28, 20)

Die Kreuzigung Jesu

Wer schwere Verbrechen begangen hatte, wurde von den Römern an das Kreuz gebunden oder genagelt. Das Kreuz galt deshalb als Zeichen der Schande. Erst Jahrhunderte nach dem Tod Christi am Kreuz wurde es zum Siegeszeichen über den Tod und zum Symbol des christlichen Glaubens. Der freiwillige Opfertod Christi am Kreuz geschah aus Liebe zu den Menschen und bewirkte, dass sie erlöst und nach ihrem Tod auferstehen werden.

Der erste Bund

Im ersten Buch des Alten Testaments wird berichtet, dass Gott die ersten Menschen Adam und Eva schuf, die im Paradies lebten. Doch die beiden widersetzten sich Gott, indem sie vom Baum der Erkenntnis aßen. Sie mussten das Paradies verlassen. Seit dieser ersten Sünde sündigten die Menschen so sehr, dass Gott eine Sintflut über die Erde kommen ließ.
Nur Noah war unter den Menschen ohne Sünde. Er erhielt von Gott den Ruf, eine Arche zu bauen und sich mit seiner Familie und je einem Paar aller Tiere in das Schiff zu retten. Dies war der erste Bund, den Gott mit Noah schloss. Zum Zeichen dieses Bundes setzte Gott den Regenbogen in den Himmel. Doch auch nach diesem Bund mit Noah blieb die Sünde in der Welt.

Der zweite Bund

Mit Abraham, der als Stammvater des Gottesvolkes Israel gilt, schloss Gott nach der Überlieferung den zweiten Bund. Darin bestätigte er, dass er das Volk Israel aus allen anderen Völkern auserwählt hatte. Gott sandte Führer und Propheten, wie zum Beispiel Mose, Jesaja oder Jeremia, die das Volk zur Einhaltung und Beachtung der Zehn Gebote Gottes ermahnten. Doch die Israeliten wandten sich immer wieder von Gott ab, verfielen der Sünde und huldigten anderen Göttern.

▲ Die obere Bildhälfte zeigt Judas, wie er Christus mit einem Kuss verrät. Er bereute seine Tat später so sehr, dass er Selbstmord beging. Auf der unteren Bildhälfte wird Jesus vor Pilatus gebracht.

◄ Christus musste sein eigenes Kreuz nach Golgatha tragen und wurde dabei von den Menschen verhöhnt. In Passionsspielen, zum Beispiel in Oberammergau, wird diese Szene nachgestellt.

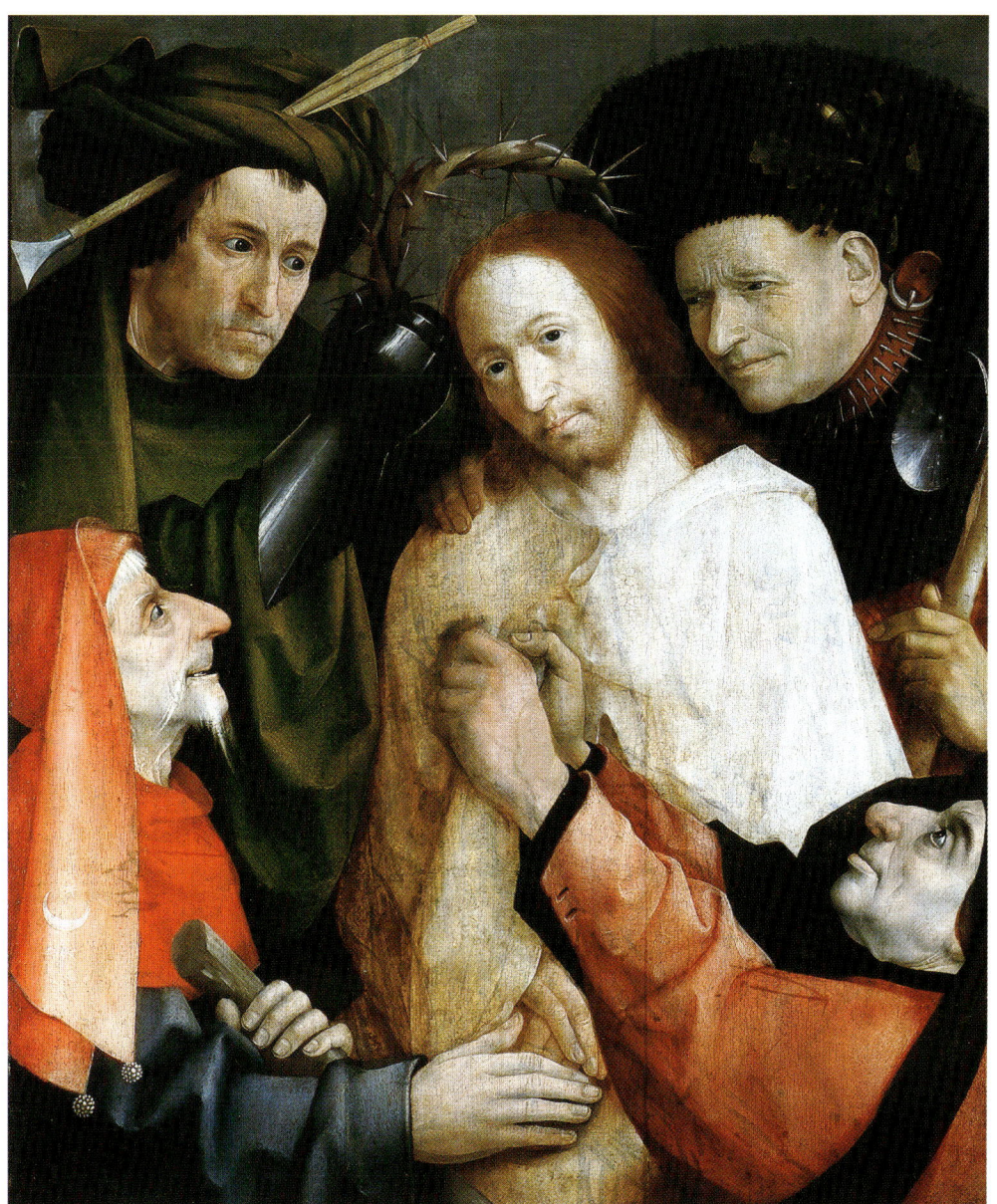

„Aber Jesus schrie laut auf.
Dann hauchte er den Geist aus."

Markus 15, 37

Der neue und ewige Bund

Gott gab sein Volk aber nicht auf und entschloss sich, Jesus von Nazareth zu den Menschen zu senden. Jesus war Gott, seinem Vater, in Liebe gehorsam bis zum Tod am Kreuz. Dadurch erfüllte Jesus den Auftrag, die Schuld der Menschen auf sich zu laden. Die Christen glauben, dass sie durch Jesus von der Ausweglosigkeit der Sünde befreit und wie Christus von den Toten auferweckt werden.

Die Leidensgeschichte Jesu

Als Jesus nach dem Abendmahl mit seinen Jüngern zum Beten in den Garten Gethsemani ging, überkam ihn Todesangst und er bat Gott, den Kelch des Leidens und Sterbens an ihm vorübergehen zu lassen. Aber das Gebet stärkte in ihm die Einsicht, dass der Wille Gottes erfüllt werden müsse. Als Jesus den Garten verlassen wollte, wurden er und seine Jünger von

▲ Man zog Jesus aus, schlug ihn und bekränzte ihn mit einer Dornenkrone, weil er sich als König der Juden bezeichnet hatte.

Soldaten umzingelt. Einer seiner Jünger, Judas Ischariot, hatte sich gegen 30 Silberlinge bereit erklärt, Jesus zu verraten. Nun trat er heran und küsste Jesus. Auf dieses Zeichen des Bruderkusses hin wussten die Soldaten, wen sie gefangen nehmen mussten. Jesus wurde von der jüdischen Tempelbehörde vor dem römischen Statthalter Pontius Pilatus wegen Gotteslästerung angeklagt. Da Pilatus ihn aber dieses Verbrechens nicht für schuldig befand, wurde die Anklage auf Rebellion gegen den römischen Kaiser umgeändert. Pilatus sah sich gezwungen, Jesus auf dem Hügel Golgatha („Schädelstätte") zwischen zwei Verbrechern kreuzigen zu lassen. Nach mehreren Stunden am Kreuz starb Jesus mit den Worten „Vater, in deine Hände befehle ich meinen Geist!" (Lukas 23, 46). Nach der Überlieferung erbebte die Erde und der Vorhang im Tempel zerriss in zwei Stücke.

Die Trinität

Die Trinitäts- oder Dreifaltigkeitslehre ("trinitas" = Dreiheit) entstand im 4. Jh. n. Chr. und ist seither der zentrale Glaubenssatz aller christlichen Kirchen. Sie bezeichnet die drei Erscheinungsformen des einen Gottes: Gott Vater, Gott Sohn und Gott Heiliger Geist (Dreifaltigkeit).
Gott hat sich den Menschen auf dreifache Weise offenbart: als Schöpfer der Welt (Vater), in Jesus Christus (Sohn) und im Wirken seines Geistes in den Menschen, die in der Nachfolge Christi leben (Heiliger Geist). Für den christlichen Glauben sind diese drei Seinswesen Gottes eins (Dreieinigkeit). Judentum und Islam sehen in dieser Lehre ein Abweichen vom monotheistischen Glauben (an nur einen Gott), doch die Dreifaltigkeitslehre betont ausdrücklich den Glauben an einen einzigen und ewigen Gott.

▲ Das Gemälde von Sandro Botticelli (um 1441–1510) zeigt die Ausgießung des Heiligen Geistes an Pfingsten.

Gott Vater und Gott Sohn

Nach christlicher Vorstellung hat Jesus Christus einen göttlichen Vater (Gott) und eine leibliche Mutter auf Erden (Maria). Daher gilt er als menschlich und göttlich zugleich. "Vater" meint, dass Gott von Ewigkeit her Vater seines eingeborenen Sohnes Jesus Christus ist. Jesus ist "aus dem Vater geboren, vor aller Zeit: Gott von Gott, Licht vom Licht, wahrer Gott vom wahren Gott, gezeugt, nicht geschaffen, eines Wesens mit dem Vater." (Glaubenssatz des ersten und zweiten Konzils von Nizäa (325) und Konstantinopel (381).

◄ Massai-Frauen nehmen in Tansania am Gottesdienst der Pfingstbewegung teil. Diese Christen glauben, mit Hilfe des Heiligen Geistes Kranke heilen zu können.

"Ehre sei dem Vater und dem Sohn und dem Heiligen Geist wie am Anfang so auch jetzt und allezeit und in Ewigkeit. Amen"

▲ Auf diesem Gemälde von Michelangelo wird dargestellt, wie Gott Adam schuf, den ersten Menschen auf Erden.

▼ Das Lamm Gottes ist ein Symbol für die christliche Erlösung durch Jesus Christus.

Gott Heiliger Geist

Nach seiner Auferstehung und der Himmelfahrt war Jesus in der Welt nicht mehr sichtbar, doch die Bibel sagt, über den Heiligen Geist ist er bleibend gegenwärtig unter den Menschen. In der Bibel wird vom Heiligen Geist berichtet (zum Beispiel Zeugung eines Kindes durch den Heiligen Geist, Matthäus 8; Sprachwunder an Pfingsten, Apostelgeschichte 2–4).

Die Berichte der Bibel erzählen, wie diese Kraft Gottes wirkt: Der Heilige Geist hilft, die Bedeutung von Jesus zu erkennen und führt zu ihm hin; er hilft den Menschen dabei, zum Glauben zu kommen, diesen an andere weiterzugeben und zu einer christlichen Lebensweise zu gelangen.

„… ein Leib und ein Geist …, ein Herr, ein Glaube, eine Taufe, ein Gott und Vater aller …“

Epheser 4, 4–6

Das Lamm Gottes

Ein häufig gebrauchtes Bild für Gott ist das des Lammes. Es hat seinen Ursprung in der jüdischen Tradition, zum Passahfest zur Erinnerung an den Auszug aus Ägypten und das Ende der Sklaverei ein Lamm zu opfern. Im christlichen Denken verweist es darauf, dass Gott die Welt so liebt, dass er bereit war, den höchsten Preis zu bezahlen – nämlich seinen einzigen Sohn wie ein Passahlamm zu opfern –, um die Welt von Sünde und Tod zu erlösen.

Der christliche Gottesdienst

Christlicher Gottesdienst kann überall und jederzeit gefeiert werden; sei es beim privaten Gebet zu Hause oder bei einem öffentlichen Gottesdienst in der Kirche, zu dem sich die Gläubigen versammeln. Es gibt festliche Gottesdienste mit feierlichen Zeremonien oder meditative Versammlungen von Gläubigen. Jesus sagt: Für den christlichen Gottesdienst ist allein die Absicht notwendig, dass sich die Menschen in seinem Namen versammeln.

Der Sonntag als der Gedenktag der Auferstehung Jesu Christi ist für die Christen der bevorzugte Tag ihrer Gottesdienstfeiern in der Kirche. Gemeinsam wird gebetet, gesungen und Lesungen aus der Bibel zugehört. Priester erklären in einer kurzen Predigt das Wort Gottes und geben Anleitungen für das christliche Leben. Der christliche Gottesdienst umfasst Anbetung, Lobpreis, Danksagung, Reue und Fürbitte. Die Christen beten allein Gott an; sie lobpreisen Gottes Macht und Würde. Dank sagen sie ihm für das Geschenk des Lebens und für die Erlösung von Sünde und Tod durch Jesus Christus. Voller Reue bekennen sie ihre Sünden. Mit der Fürbitte bitten die Gläubigen für sich und andere Menschen um Gottes Beistand. Wo es üblich ist, findet nach dem Gottesdienst noch eine Bibel- oder Sonntagsschule zur allgemeinen Unterweisung in christlicher Lebensführung statt.

▲ Das christliche Gebet ist ein Gespräch mit Gott. Die Kinder lernen, dass Jesus, auch wenn sie ihn nicht sehen, immer bei ihnen ist.

Das Vaterunser

Das Neue Testament enthält das Gebet „Vaterunser", das auch im Gottesdienst gebetet wird. Gläubige Christen beten, weil auch Christus betete. Nach christlicher Überzeugung erwartet Gott die Bitte der Menschen, damit sie erkennen, was wirklich sein Wille ist.

◀ Ein Mädchen zündet in einer katholischen Kirche in Litauen eine Kerze an. Kerzen sind ein Symbol für das Licht, das Jesus in die Welt brachte.

„Euer Vater weiß, was ihr braucht, bevor ihr ihn darum bittet. Darum sollt ihr so beten: Vater unser …"

Matthäus 6, 8–13

Die Liturgie des Gottesdienstes

Das Wort „Liturgie" bedeutet in der christlichen Überlieferung, dass das Volk Gottes teilnimmt am „Werk Gottes". Im Gottesdienst versammelt sich die christliche Gemeinde, um zu hören und zu feiern, was Gott für die Menschen getan hat und immer noch tut. Durch die Liturgie setzt Christus in seiner Kirche, mit ihr und durch sie das Werk der Erlösung fort. Im Laufe der Kirchengeschichte haben sich verschiedenen Liturgien entwickelt und überliefert. Die meisten Gottesdienste dieser Liturgien werden entsprechend der jeweiligen Kultur nach einer vorgegebenen Ordnung, dem „Ritus", gefeiert.

Der Ritus regelt die Form der Gebete und Gesänge, den Ablauf des Gottesdienstes und die Auswahl der Bibellesungen. In einigen Traditionen blieben die Riten über Jahrhunderte hinweg bis heute unverändert.

In den Bekenntnissen der evangelisch-lutherischen und freikirchlichen Tradition gibt es einen offeneren Verlauf des Gottesdienstes. Aber egal, wo und wie christlicher Gottesdienst gefeiert wird, jedes Mal versammeln sich Christen im Glauben an das Wort Jesu: „Wo zwei oder drei in meinem Namen versammelt sind, da bin ich mitten unter ihnen." (Matthäus 18, 20)

▲ Beim Abendmahl segnet der Priester Brot und den Wein und gibt sie den Gläubigen im Gedenken an den Leib und das Blut Christi.

◀ Gemeinsam werden im Gottesdienst Lieder zur Ehre Gottes gesungen. Festgottesdienste an hohen Feiertagen oder zu besonderen Anlässen werden häufig durch Orchestermessen mit Chorgesang gestaltet.

Die Sakramente

Die Sakramente sind durch die Sinne wahrnehmbare Zeichen der Gnade Gottes (Worte und Handlungen). In der römisch-katholischen und in der orthodoxen Kirche werden sieben Sakramente gefeiert: Taufe, Firmung, Eucharistie (Abendmahl), Buße, Krankensalbung, Priesterweihe, Ehe. Die Eingliederung in Christus und seinen Leib, die Kirche, erfolgt in den drei grundlegenden Sakramenten der Taufe, der Firmung und der Eucharistie. Die reformatorischen Kirchen erkennen nur die Sakramente an, die im Neuen Testament bezeugt sind: Taufe und Eucharistie.

Das Sakrament der Taufe
Die Taufe ist das Eingangstor zum christlichen Leben in der Gemeinschaft mit Christus. In der Taufe spendet Gott im Symbol des Wassers neues Leben und reinigt von der Macht der Sünde. In der

> *„Ihr seid alle durch den Glauben Kinder Gottes in Christus Jesus.“*
>
> Galater 3, 26

frühen Zeit der Kirche wurden meist Erwachsenen durch Untertauchen getauft. Das Untertauchen und Emporheben ist ein Bild für das Sterben und Auferstehen mit Christus. Heute werden überwiegend Kinder durch Übergießen mit Wasser getauft. Bei der Kindertaufe stehen Eltern und Paten für den Glauben des Kindes ein und versprechen, das Kind durch ihr Vorbild in den christlichen Glauben einzuführen.

▲ In einigen Kirchen gilt die Taufe als ein so wichtiger Ritus, dass nur Jugendliche oder Erwachsene getauft werden – häufig tauchen sie dabei ganz ins Wasser ein.

Die Firmung
Durch das Sakrament der Firmung („Stärkung") wird das in der Taufe begründete Christ-Sein gestärkt. Durch das Handauflegung des Bischofs oder dessen Beauftragten und durch die Salbung mit Chrisam-Öl soll der Heilige Geist die Christen stärken. Die evangelisch-lutherische Konfirmation gilt ebenfalls als Zeichen der Stärkung und schließt mit einer Segnung durch Handauflegen, gilt aber nicht als Sakrament.

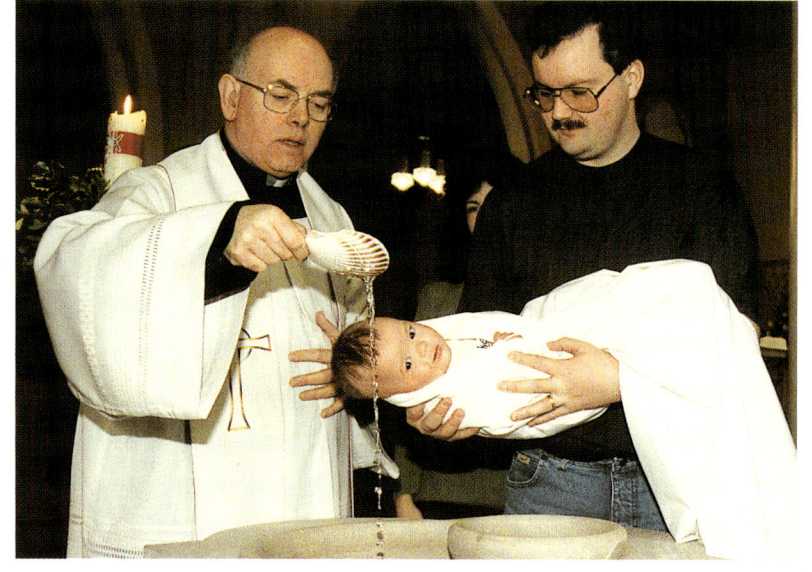

▶ Bei der Taufe wird die Stirn des Täuflings mit Weihwasser übergossen und anschließend mit Chrisam gesalbt.

Christliche Glaubensspaltungen

Schon kurz nach dem Tod Jesu gab es die ersten Brüche innerhalb der Christen. Die frühen Christen waren sich uneinig über den genauen Wortlaut und das Verständnis der Botschaft Christi und darüber, wie Glaubenserfahrungen oder neue Fragestellungen sprachlich und für den Alltag umzusetzen seien. Große Streitigkeiten prägten die Bischofsversammlungen (Konzilien) der ersten Jahrhunderte (325 und 381 n. Chr.), die dann aber doch zu dem bis heute gültigen gemeinsamen Glaubensbekenntnis der Christenheit führten, in dem die wesentlichsten Glaubensartikel zusammengefasst sind.

Die orthodoxe Ostkirche

Die Ablehnung weiterer Konzilien führte jedoch schon bald zur Abspaltung der altorientalischen Kirche. Im Jahr 1054 kam es dann zur ersten großen Spaltung („Schisma") zwischen den orthodoxen Kirchen des Ostens und der römischen Westkirche.

Entscheidend für die Trennung waren die Ansprüche des Papstes in Rom, das römische Recht auch im Patriarchat von Konstantinopel durchzusetzen. 1870 kam als weiterer Trennungsgrund der Anspruch des Papstes hinzu, dass er als höchste Lehrautorität in Fragen des christlichen Glaubens und sittlichen Lebens eine verpflichtende Lehrentscheidung irrtumslos trifft.

Die Ostkirche entwickelte sich im byzantinischen Reich, dem östlichen Teil des ehemaligen römischen Reiches. Hauptstadt und Sitz des Patriarchen wurde 476 Konstantinopel. Die orthodoxe Kirche breitete sich über Griechenland, Mittel- und Osteuropa und Russland aus und ist heute auch in den USA, Japan und anderen Ländern vertreten.

▲ Die Traditionen der orthodoxen Ostkirche haben sich über die Jahrhunderte nicht verändert.

▼ Barbara Harris war die erste Bischöfin der Episkopalkirche in den USA. In der katholischen Kirche dürfen Frauen keine kirchlichen Ämter übernehmen, sie sind aber in der Laienarbeit tätig.

128

Die Eucharistie

Dieses Sakrament ist auch als Abendmahl, Kommunion oder Heilige Messe bekannt. Nach dem gemeinsamen Glauben aller christlichen Bekenntnisse ist Jesus Christus in der Gestalt von Brot und Wein auf übernatürliche Weise gegenwärtig. Diese werden in der Eucharistie geheiligt und in seinen Leib und sein Blut gewandelt. Dieses „Geheimnis des Glaubens" geht zurück auf Jesu Wort: „Nehmt … das ist mein Leib … das ist mein Blut, das Blut des Bundes, das für viele vergossen wird." (Markus 14, 22) Dieses Sakrament ist nach dem Willen Jesu ein Zeichen der Einheit seiner Kirche und ein Band der Liebe unter den Christen.

▲ Eine kirchliche Hochzeit ist ein freudiger Anlass mit dem feierlichen Versprechen der Ehepartner, einander für immer zu lieben und die Treue zu halten.

Der heilige Bund der Ehe

Die Ehe unter Getauften wird als Zeichen für den Bund zwischen Christus und der Kirche verstanden und gilt als Sakrament. Diese Gnade vervollkommnet die menschliche Liebe der Ehepartner, stärkt ihre unauflösliche Einheit und heiligt sie. Bei der Hochzeit geben sich Braut und Bräutigam vor dem Priester, den Trauzeugen und den Anwesenden das Eheversprechen. Die Liebe und Treue, die sich die Ehepartner versprechen, ist das Bild für den Bund zwischen Christus und seiner Kirche.

Nach christlicher Überzeugung ist die Ehe von Gott gewollt. Mann und Frau sollen ihr Leben miteinander teilen. In der Ehe wird die Liebe Gottes zu den Menschen sichtbar.

▼ Die Christen empfangen im Gedenken an das letzte Abendmahl Jesu mit seinen Jüngern den Leib Christi in der heiligen Kommunion.

121

Weihnachten – Die Geburt Jesu

Etwa 400 Jahre lang blieb Ostern, das Fest der Auferstehung Jesu Christi, der wichtigste Feiertag der Christen. Erst als das Christentum die heidnische Religion der Antike mehr und mehr verdrängte, übernahm es deren Lichtkult zur Ehre des römischen Sonnengottes bei der jährlichen Wintersonnenwende um die Zeit des 25. Dezembers. Da Jesus Christus von den Christen schon immer als das „Licht der Welt" verkündet wurde, feierten sie an Stelle der heidnischen Lichtfeiern nun das Fest der Geburt Jesu, ohne sein genaues Geburtsdatum zu kennen. Die „geweihte Nacht" (Weihnachten) hat somit die symbolische Bedeutung, dass Christus Licht und Freude in die Dunkelheit der Welt brachte. Mit den vier Adventssonntagen und -wochen vor Weihnachten, an denen an einem mit vier Kerzen geschmückten Adventskranz jeweils eine Kerze entzündet wird, bereiten sich die Christen auf die Ankunft („Advent") Christi vor. Weihnachten wird am 25. Dezember gefeiert. Das Fest der Freude über die Geburt Christi beginnt schon an Heiligabend (24. Dezember). In den Familien wird ein Weihnachtsbaum aufgestellt, man singt Weihnachtslieder und beschenkt sich gegenseitig. In den Kirchen wird mit Mitternachtsmessen die Geburt Jesu festlich begangen.

▲ Viele Künstler haben Christus als Licht dargestellt, das die Dunkelheit erhellt.

◀ In Kirchen oder Schulen wird das Weihnachtsevangelium häufig von Kindern in Krippenspielen dargestellt.

Die Geburt Christi

Nur zwei der vier Evangelien des Neuen Testaments, Matthäus und Lukas, erzählen von Christi Geburt. Die Geschichten sind nicht deckungsgleich, stimmen aber teilweise überein. Nach den Evangelien wurde das Jesuskind in einer Stallhöhle geboren und dort in eine Futterkrippe gelegt. Seine Eltern Maria und Josef waren zuvor von der Herberge, in der sie übernachten wollten, abgewiesen worden, weil kein Platz für sie war. Den Hirten, die bei ihren Schafen auf dem Feld waren, erschien ein Engel, der die Geburt Jesu verkündete und sie zur Krippe führte. Drei Weise aus dem Morgenland folgten einem Stern und legten dem Kind Gold, Weihrauch und Myrrhe zu Füßen.

Die Heiligen Drei Könige

Die orthodoxen Christen des Ostens feiern das Weihnachtsfest nach ihrer Tradition am 6. Januar, dem Fest der Epiphanie („Erscheinung") des Herrn. Als Jesus von Johannes dem Täufer im Jordan getauft wurde, erschien er erstmals öffentlich dem Volk Israel als der von Gott beglaubigte Messias und Heiland. Die Christen der Westkirche erinnern sich am Epiphaniefest an die Erzählung des Evangelisten Matthäus (2, 1–12), in der berichtet wird, wie Sternenkundige aus dem Osten nach dem wahren König der Welt suchten, der sich in einer besonderen Sternenkonstellation angekündigt hatte. Sie fanden ihn in Jesus und huldigten ihm mit Gold, Weihrauch und Myrrhe, denn in Jesus „erschien" nun die Herrlichkeit

▲ Die Geschenke, die die Weisen mitbrachten, hatten symbolischen Wert. Das Gold steht für die Erhabenheit Christi als König und Messias. Weihrauch und Myrrhe sind süßlich duftende Harze.

Gottes. Aus der Dreizahl der kostbaren Geschenke macht die Erzähltradition die „drei Könige", denen die Namen Caspar, Melchior und Balthasar gegeben wurden. Bis heute erhielt sich der Brauch der Hausweihe. Die Anfangsbuchstaben ihrer Namen werden am „Dreikönigsfest" mit geweihter Kreide an die Türrahmen der Häuser geschrieben, um Krankheiten und Unglück abzuwehren. Diese Buchstaben stehen für den lateinischen Segensspruch: „Christus mansionem benedicat" („Christus segne dieses Haus"). Bekannt ist auch das „Dreikönigssingen" der Kinder. Verkleidet als die drei Könige ziehen sie von Haus zu Haus, singen ihre Lieder und bitten um Spenden für notleidende Kinder.

Ostern – Die Auferstehung Jesu

Ostern ist für gläubige Christen das wichtigste Fest des Jahres. In der Woche vor Ostern, der so genannten „Karwoche", gedenken sie des Leidens Christi. Diese Woche wird auch als „Passionszeit" bezeichnet. Sie beginnt am letzten Sonntag vor Ostern, dem Palmsonntag. An diesem Tag wird daran erinnert, wie Jesus in Jerusalem einzog und wie ein Messias-König mit Palmzweigen begrüßt wurde. Am Karfreitag gedenken die Christen der Kreuzigung, des Todes und der Grablegung Christi. Am Ostersonntag feiern sie das Fest seiner Auferstehung von den Toten. Die 40 Tage vor Ostern, die Fastenzeit, die mit dem Aschermittwoch beginnt, sind dem Gebet, der Besinnung und der Umkehr vorbehalten.

▲ Dieses juwelenbesetzte Osterei wurde für den russischen Zaren Nikolaus II. angefertigt.

▲ Jesus Christus steht von den Toten auf und tritt aus dem Grab. Er hat die Macht des Todes überwunden.

Tod und Auferstehung Christi

Weil die jüdischen Hohepriester in Jesu eine Bedrohung ihres Glaubens sahen, klagten sie ihn beim römischen Statthalter wegen Gotteslästerung an. Obwohl dieser ihn für schuldlos ansah, wurde Jesus wegen Aufruhrs gegen den Kaiser in Rom zum Tode verurteilt. Nach seinem Tod wurde er vom Kreuz abgenommen und sein Leichnam in eine Grabhöhle gelegt, die mit einem großen Stein verschlossen wurde. Als am dritten Tag einige Frauen das Grab besuchten, sahen sie, dass der Stein weggerollt war. Der Leich-

▶ Am Abend vor Ostern feiern die Christen in der Grabeskirche von Jerusalem das „neue Licht" mit Kerzen. Die Kerzen werden von Hand zu Hand weitergereicht und die Kirche verwandelt sich in ein Lichtermeer.

In vielen Religionen ist das Ei ein Symbol des Lebens und der Lebenskraft. Wie das Küken aus dem Ei schlüpft, stieg Jesus aus dem Grab und zerbrach damit die Macht des Todes. Um an das Leiden Christi zu erinnern, färbt man Ostereier häufig rot.

„Fürchtet euch nicht!
Ich weiß, dass ihr Jesus,
den Gekreuzigten, suchet.
Er ist nicht hier.
Er ist auferstanden …"

Matthäus 28, 5–6

nam war verschwunden; an seiner Stelle erschien ein Engel, der sagte: „Was suchet ihr den Lebendigen bei den Toten? Er ist nicht hier; er ist auferstanden." (Lukas 24, 5–6)

Osterbrot

Das Osterbrot gibt es als rundes Hefegebäck, meist mit dem Kreuzzeichen verziert, oder als Fastenbrezeln. Die Bezeichnung „Brezel" stammt vom lateinischen Wort „brachium" („Arm"). Die Brezeln wurden früher „Brachitium" („Gebäck in der Form verschlungener Arme") bezeichnet und nur in der Fastenzeit gebacken. Noch heute gehören viele kleine Brezeln in Süddeutschland oder Österreich zum Schmuck der Palmbuschen.

Das Osterfest

Schon in vorchristlicher Zeit feierten die Menschen Frühlingsfeste, wenn nach dem Winter die Tage wieder länger wurden. Die alten Sitten und Bräuche der Germanen wurden durch die Missionare mit neuen Glaubensinhalten gefüllt und das Frühlingsfest in ein christliches Ereignis umgewandelt. Im Jahr 325 n. Chr. bestimmte man für das Osterfest einen einheitlichen Termin für die ganze christliche Kirche. Es wird am ersten Sonntag nach der ersten Vollmondnacht seit Frühlingsbeginn gefeiert. Da Ostern ein vom Mondwechsel abhängiges Fest ist, wird es jedes Jahr an einem anderen Tag zwischen dem 22. März und dem 25. April gefeiert.

Religiöses Leben

Wie in jeder Religion gibt es auch im Christentum Menschen, die eine intensivere religiöse Erfahrung suchen. Sie stellen sich in den Dienst der Religion und widmen ihr Leben Gott, indem sie sich zum Beispiel für das Priesteramt entscheiden oder in ein Kloster eintreten.

Priester

In der römisch-katholischen und in der orthodoxen Kirche dürfen nur Männer Priester werden. Sie besuchen mehrere Jahre lang ein Priesterseminar, wo sie Theologie studieren. Nach der Priesterweihe übernehmen sie eine Kirchengemeinde, in der sie Gottesdienste abhalten und sich um die Menschen und ihre Anliegen kümmern; außerdem sind viele als Religionslehrer tätig. Im Gegensatz zu evangelischen Pfarrern müssen katholische Priester unverheiratet bleiben.

Mönche und Nonnen

Manche Menschen fühlen sich zu einem religiösen Leben als Mönch oder Nonne in einem Kloster berufen. Zu den wichtigsten Orden zählen die Dominikaner, die Franziskaner, die Benediktiner, die Karmeliter, die Zisterzienser und die Trappisten. Einige leben völlig weltabgewandt. Die Mönche und Nonnen einer solchen Gemeinschaft widmen sich ganz dem Gebet und der Meditation. Andere Orden suchen den Kontakt zur Außenwelt und sind an Schulen, Kindergärten, Krankenhäusern oder in anderen sozialen Berufen tätig.

Die ersten Klöster

Wer im Mittelalter als Christ sein Leben Gott widmen wollte, trat in ein Kloster ein und wurde Mönch oder Nonne. Der Orden der Benediktiner war der erste Mönchsorden und wurde um 529

▲ Der heilige Franziskus von Assisi führte ein Leben in Armut und soll eine enge Beziehung zur Natur gehabt haben. Die Tiere sollen der Legende nach sogar gekommen sein, um seinen Predigten zu lauschen.

▶ In christlichen wie auch in anderen Glaubensgemeinschaften war und ist es heute noch üblich, Pilgerreisen zu heiligen Stätten zu unternehmen. Die Pilger erhoffen sich zum Beispiel Vergebung für ihre Sünden oder Heilung von einer Krankheit. Schon im Mittelalter pilgerten Gläubige zur Kathedrale in Santiago de Compostela (Nordspanien), wo die Gebeine des Apostels Jakobus liegen sollen.

von Benedikt von Nursia auf dem Berg Montecassino in Italien gegründet. Benedikt von Nursia prägte mit seinen Ordensregeln für den Benediktinerorden das abendländische Mönchtum. Die Mönche und Nonnen geloben Gehorsam, Keuschheit und Armut und befolgen den Grundsatz „ora et labora" („Bete und arbeite!"). Das bedeutet, dass sie neben dem Gottesdienst körperliche und geistige Arbeit zu leisten haben. In früheren Zeiten wurde das umliegende Land bewirtschaftet, Obst- und Gemüsegärten wurden angelegt, Bewässerungskanäle und Fischteiche gebaut und in den Werkstätten Waren des alltäglichen Lebens hergestellt. Die mittelalterlichen Klöster waren auch die Zentren der Gelehrsamkeit; Nonnen und Mönche waren die einzigen, die Lesen und Schreiben konnten.

Heilige und Märtyrer

Die katholische Kirche hat viele Heilige, die als Vorbilder des Glaubens und als Fürsprecher bei Gott verehrt werden. Das sind oft Menschen, die trotz Verfolgung und Unterdrückung bis zum Tod für ihren Glauben eingetreten sind. Diese Märtyrer wurden von der Kirche heilig gesprochen. Der erste christliche Märtyrer ist der heilige Stephanus, der um 35 n. Chr. in Jerusalem gesteinigt wurde. Die heilige Katharina von Alexandria widersetzte sich im 4. Jh. dem römischen Kaiser Maximus, der sie zur Verehrung der römischen Götter zwingen wollte. Als Katharina gerädert werden sollte, zerbrach wie durch ein Wunder das Rad. Katharina wurde enthauptet und nach der Legende von Engeln zum Berg Sinai getragen. Einsiedler gründeten dort das heute noch bestehende Katharinenkloster.
Viele Christen rufen Heilige bei bestimmten Anliegen mit Gebeten an und bitten um ihre Hilfe. Überreste von verstorbenen Heiligen oder auch Teile ihrer Kleidung, so genannte Reliquien, werden in besonders kostbaren Behältern oder Schreinen aufbewahrt.
Bevor jemand selig oder heilig gesprochen werden kann, unternimmt die katholische Kirche langjährige Untersuchungen, um Phänomene wie Wunderheilungen oder das Erscheinen der Wundmale Jesu zu prüfen und gegebenenfalls zu bestätigen.

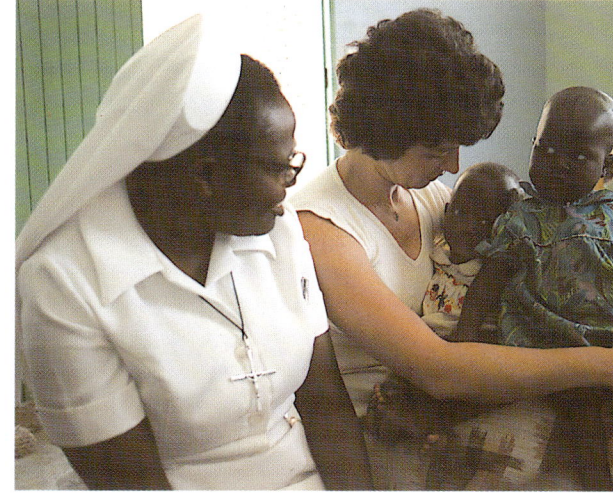

▲ Nicht alle Nonnen und Mönche leben im Kloster. Diese afrikanische Nonne hilft in einem Missionskrankenhaus bei der Pflege kranker Kinder.

Die römisch-katholische Kirche

Die katholische Kirche versteht sich bei allem Wandel innerhalb ihrer Geschichte als in ungebrochener Tradition und Verbindung mit der Kirche der Apostel stehend. Die Priester feiern die Sakramente, verkünden das Wort Gottes und sind verantwortlich für die Leitung ihrer Gemeinde und die Seelsorge an den Gläubigen. Das oberste Lehramt für die Gesamtkirche hat der Papst als Bischof von Rom inne. Zur katholischen Kirche gehören auch die mit ihr verbundenen Ostkirchen, die den Papst anerkennen. Die katholische Kirche hat über 1,03 Milliarden Mitglieder und umfasst mehr als die Hälfte aller Christen (ca. 1,78 Milliarden).

▲ Die Andacht in der evangelikalen oder charismatischen Kirche ist zwanglos und spontan; hier Gläubige beim Gebet in Rahmen eines Gottesdienstes in Newport Beach (Kalifornien).

▼ Papst Paul II. erteilt römisch-katholischen Kindern in Trondheim (Norwegen) die Erstkommunion. Der Papst ist das Oberhaupt der römisch-katholischen Kirche.

Die protestantische Kirche

Schon lange vor Martin Luther war immer wieder der Ruf nach einer Erneuerung laut geworden. Im Mittelalter gab es mehrere Reformbewegungen in der Kirche, zum Beispiel die Gründung von Bettelorden im 13. Jh. Die Reformation im 16. Jh. war eines der entscheidenden Ereignisse in der Kirchengeschichte. Es kam zur Trennung der Kirche in zwei Konfessionen (Bekenntnisse): die römisch-katholische Kirche und die protestantische Kirche.

Der ursprünglich katholische Augustinermönch Martin Luther erkannte, dass der Mensch nicht durch seine Werke sündenfrei wird, sondern allein durch Gott, durch das Hören auf sein Wort und seinen Glauben an ihn. Luther wandte sich aus dieser Erkenntnis heraus gegen das Papsttum, die Heiligenverehrung und vor allem gegen den Verkauf von Ablassbriefen, mit denen sich die Menschen angeblich von ihren Sünden freikaufen konnten. Es kam zum Bruch mit der Kirche, der sich mehr und mehr verfestigte. Heute gibt es weltweit über 200 lutherische Kirchen und Gemeinschaften mit ca. 61 Millionen Gläubigen.

Islam

Das Wort Islam bedeutet „völlige Hingabe an Gott (Allah)". Zum Islam bekennen sich weltweit rund 1000 Millionen Muslime. Er gründet sich auf die Lehre Mohammeds (arabisch „Muhammad"), der vor rund 1400 Jahren im heutigen Saudi-Arabien seine Berufung zum Propheten empfing.

Die letzte Offenbarung

Mohammed gilt als „Prophet Allahs". „Allah" ist kein Eigenname, sondern das arabische Wort für Gott. Auch Christen und Juden, die arabisch sprechen, verwenden diese Bezeichnung für ihren Gott. Muslime glauben, dass sich dieser eine und selbe Gott bereits früheren Propheten offenbarte (darunter Mose und Jesus), dass jedoch Mohammed als letzter Prophet der Welt die endgültige Botschaft Gottes überbracht hat. Sie ist im Koran enthalten, dem heiligen Buch des Islam, das nicht verändert oder ergänzt werden darf. Die Botschaft Gottes wurde Mohammed vom Engel Gabriel überbracht. (Nach dem Lukas-Evangelium im Neuen Testament der Bibel ist Gabriel auch der Jungfrau Maria erschienen, um ihr die Geburt Jesu anzukündigen.) Die Offenbarung geschah im Lauf mehrerer Jahre und wurde im Koran zusammengefasst. Er enthält die gesamte Lehre des Glaubens, die für alle Muslime überall gilt. Im Mittelpunkt steht die Verehrung des einen und einzigen, barmherzigen und gnädigen Gottes, der die Welt erschaffen hat und erhält. Beim Jüngsten Gericht wird er Rechenschaft von den Menschen fordern. Den Guten verheißt er das Paradies, den Bösen die Hölle.

▲ Die Muslime zeigen ihre Hinwendung zu Gott, indem sie im Gottesdienst niederknien und sich tief verbeugen. Sie beten allein oder bringen ihre Demut gemeinsam mit ihren Glaubensgenossen zum Ausdruck.

Eine Lebenshaltung

Der Islam bestimmt das gesamte Leben des Einzelnen wie der Gemeinschaft. Er gibt Richtlinien für die moralische, rechtliche, geistige und politische Gestaltung der Gesellschaft. Im Islam gilt nichts als weltlich; jede Tat

◄ Die Symbole des Islam sind Halbmond und Stern sowie die Farbe Grün. Viele Staaten mit mehrheitlich muslimischer Bevölkerung, wie zum Beispiel die Türkei, Pakistan und Saudi-Arabien, führen Halbmond und Stern oder die Farbe Grün in ihren Flaggen.

▲ Dieser persische Holzschnitt aus dem 16. Jh. zeigt Schüler, die zu Füßen ihres Lehrers das Heilige Buch studieren.

▼ Die Kinder sollen den Koran lesen und weite Passagen auswendig können.

und jeder Gedanke sollte von der vollständigen Unterordnung unter den Willen Gottes geleitet sein. Die Muslime sehen sich als Diener Allahs und Diener ihrer Mitmenschen.

Eine revolutionäre Botschaft

Der Islam entstand, als es auf der arabischen Halbinsel noch überwiegend Anhänger der alten Stammesreligionen, daneben vereinzelt Juden und Christen, gab. Viele Menschen beteten mehrere Götter an und lehnten Mohammeds revolutionäre Botschaft „Es gibt nur einen Gott" zunächst ab. Dennoch stieg der Islam innerhalb von 30 Jahren zu einer mächtigen Religion auf, aus der später ein einflussreiches islamisches Reich hervorging.

Der Islam wird im Westen häufig falsch verstanden; man beschimpft die Muslime als „fundamentalistisch", weil sie den Koran Wort für Wort zur Grundlage ihres Lebens machen. Mit terroristischer Gesinnung hat dies jedoch nichts zu tun.

Die Geschichte des Islam

Zu Beginn des 7. Jh. n. Chr. war die arabische Halbinsel von verschiedenen Stämmen besiedelt, die viele verschiedene Götter verehrten.

Die Anfänge

Als Mohammed um das Jahr 610 in Mekka seinen Freunden erstmals von seiner Offenbarung erzählte, konnte er nur eine kleine Schar von Gläubigen um sich sammeln. Seine Lehre brachte ihm und seinen Anhängern Schwierigkeiten mit den Kaufleuten von Mekka ein. Diese fürchteten, die Botschaft von einem einzigen Gott könnte Mekkas Stellung als wichtigen (und einträglichen) Wallfahrtsort für die vielen Religionen Arabiens gefährden. Mohammed und seine Anhänger wurden verfolgt. Im Jahr 622 verließen sie die Stadt und zogen ins weiter nördlich gelegene Jathrib (später Medina); diese Reise wird als „Hedschra" („Auswanderung") bezeichnet.

▲ An dieser Moschee aus Lehm in Mali (Westafrika) erkennt man, dass der vorherrschende Baustil eines Landes auch die Gestaltung der Moscheen beeinflusst.

Die heilige Stätte

In Medina empfing Mohammed weitere göttliche Botschaften, darunter die Gesetze, die er in der wachsenden Gemeinde der muslimischen Gläubigen anwandte. Mekka versuchte mehrmals erfolglos, Medina zu überfallen. Mohammed war ein kluger militärischer Führer, der nicht nur den Angriffen standhielt, sondern im Jahr 630 n. Chr. eine Armee gegen Mekka führte und die Stadt einnahm. Viele Menschen, die den Islam zunächst abgelehnt hatten, wurden nun Muslime. Mohammed befreite die Kaaba, das wichtigste Heiligtum Arabiens, von den Götterbildern und versetzte sie in ihren reinen

Die Kunst unter Süleiman dem Großen

Die Herrschaft des Osmanen-Sultans Süleiman des Großen (1520–1566 n. Chr.) war eine Blütezeit der islamischen Künste und Naturwissenschaften. Das osmanische Reich war eine der einflussreichsten Mächte der Weltgeschichte; es bestand bis zum Ende des Ersten Weltkriegs. Seine Hauptstadt Konstantinopel (heute Istanbul) wurde zum Zentrum des Islam und brachte eine Kultur hervor, die Keramik und Kalligraphie (kunstvoll gestaltete Schrift) ebenso umfasste wie Architektur und Astronomie. Diese Moscheelampe trägt die typischen Ornamente der Zeit; sie stammt aus einer der zahlreichen Moscheen, die unter Süleiman dem Großen erbaut wurden.

Zustand als Mittelpunkt für die Verehrung des einen Gottes zurück. Bis heute ist sie die heiligste Stätte des Islam.

Die Ausdehnung des Islam

Als der Prophet im Jahr 632 n. Chr. starb, hatte er die Stämme der arabischen Halbinsel geeinigt. Der Islam hatte sich in ganz Arabien verbreitet. Nach Mohammeds Tod wurde sein Schwiegervater Abu Bakr zum Kalifen, d. h. zum Nachfolger Mohammeds gewählt. Ali, Mohammeds Neffe und Schwiegersohn, und seine Anhänger lehnten diese Wahl ab; für sie konnte nur ein Angehöriger der Familie Mohammeds die Führung der „Umma", der muslimischen Gemeinschaft, übernehmen. Auf Abu Bakr folgten die Kalifen Umar und Uthman und Ali. Unter den ersten vier Kalifen breitete sich der Islam über das heutige Ägypten, Syrien, den Irak und den Iran aus. Danach rückte die Umayyad-Dynastie (661–750 n. Chr.) im Westen bis Spanien und Marokko und im Osten bis Indien vor. Ihre Nachfolger, die Abbasiden (750–1258 n. Chr.) machten Bagdad (im heutigen Irak) zur Hauptstadt und dehnten ihr Reich bis nach Zentralasien aus. Im Jahr 1258 nahmen die Mongolen Bagdad ein und wurden selbst Muslime.

▲ Von allen Muslimen wird erwartet, dass sie im „Dschihad", dem „heiligen Kampf", den Islam gegen eine Bedrohung von außen verteidigen. Der Begriff Dschihad bezieht sich aber vor allem auf den inneren Kampf gegen Sünde und Versuchung.

Im Jahr 1453 fiel Konstantinopel (die christliche Hauptstadt des byzantinischen Reichs) an die türkischen Osmanen; 1930 wurde sie in Istanbul umbenannt.

Im Jahr 1979 begann im Islam wieder eine Phase der Erneuerung, als der herrschende Schah von Persien im Zuge der iranischen Revolution abgesetzt und unter Führung des Ayatollah Khomeini ein muslimischer Gottesstaat errichtet wurde.

Der Prophet Mohammed

Mohammed ("der Gepriesene") wurde um 570 n. Chr. in der arabischen Stadt Mekka geboren. Er entstammte der angesehenen Sippe der Haschim. Sein Vater starb kurz vor der Geburt Mohammeds; mit sechs Jahren verlor er auch seine Mutter. Danach wuchs er bei seinem Großvater, später bei seinem Onkel auf.

Als junger Mann arbeitete Mohammed für eine reiche Kaufmannswitwe, deren Kamele und Karawanen er betreute. Mit 25 Jahren heiratete Mohammed die Witwe und sie bekamen viele Kinder. Mohammed war reich und in der Stadt hoch geachtet. Auf seinen Reisen lernte er viele Menschen unterschiedlichen Glaubens kennen, vor allem Christen und Juden. Durch sie erfuhr er von dem Glauben an einen einzigen Gott. Sie weckten grundlegende religiöse Fragen in ihm, auf die er durch Andacht und Versenkung und in der Offenbarung Antworten suchte.

▲ Der Felsendom in Jerusalem ist eines der ältesten erhaltenen Bauwerke des Islam. Die Moschee steht in der Altstadt von Jerusalem. Sie wurde über dem Felsen errichtet, von dem aus nach muslimischer Überlieferung Mohammed in den Himmel entrückt wurde. Für die drei Weltreligionen Islam, Judentum und Christentum ist Jerusalem eine heilige Stadt.

Die Botschaft Gottes

Um 610 hatte Mohammed ein Offenbarungserlebnis, als er in einer Höhle außerhalb Mekkas meditierte. Er hörte die Stimme des Erzengels Gabriel; dieser berief ihn zum Propheten des einzigen Gottes, der keine anderen Götter neben sich duldet. Als Mohammed seine Botschaft in Mekka verkündete, stieß er auf großen Widerstand und musste nach Medina abwandern.

◄ Die Höhle des Propheten bei Dschebel Nur im heutigen Saudi-Arabien. Nach der Überlieferung des Islam soll Gott dort Adam, den ersten Menschen, erschaffen haben.

بر زین میشود و سیاه دگان حاج باد به سر بر وند و خبر شدند

از من بکوی حاجی مردم کز اسبی را کو پوستین خلق باز از بازار سد

Die Nachtreise

Um das zehnte Jahr seines Wirkens hatte Mohammed nach der Überlieferung ein wundersames Erlebnis. In der später so genannten „Nachtreise" führten ihn Engel hinweg. Von Mekka aus brachten sie ihn zunächst nach Jerusalem, wo er mit Abraham, Mose, Jesus und anderen Propheten betete. Danach wurde er von einem Felsen aus, über dem später der Felsendom in Jerusalem errichtet wurde, in den Himmel geleitet. Dort trug ihm Gott auf, dafür zu sorgen, dass von den Gläubigen fünfmal am Tag gebetet werde.

Verehrung für Mohammed

In Medina gründete Mohammed mit seinen Anhängern eine Gemeinschaft, die trotz massiven Widerstands allmählich den Glauben an den einen Gott in Arabien durchsetzen konnte. 630 zog Mohammed als Sieger in Mekka ein. Im Alter von 63 Jahren starb

▲ Dieser Druck zeigt eine Pilgerkarawane auf dem Weg nach Mekka, dem wichtigsten Wallfahrtsort des Islam. Zu den Hauptpflichten jedes Muslim gehört, wenn es sein Einkommen erlaubt, mindestens einmal im Leben nach Mekka zu pilgern und das bedeutendste Heiligtum, die Kaaba, zu umschreiten.

er in Medina, wo er auch begraben wurde.

Die Verehrung der Muslime für Mohammed ist sehr groß; er gilt als der einzigartige Gesandte Gottes, der dessen endgültige Botschaft verkündet hat und deshalb über allen anderen Propheten steht. Doch wäre es eine schlimme Gotteslästerung, ihn als Gott oder Gottes Sohn zu verehren. Daher wollen die Muslime auch nicht „Mohammedaner" genannt werden: Ihre Hingabe („Islam") gilt allein dem einen Gott, der unteilbar ist und niemand neben sich hat.

Der Koran

Der Koran („Lesung, Vortrag") ist das heilige Buch des Islam. Er enthält unmittelbar Gottes Wort, so wie es Mohammed offenbart worden ist. Bereits Schüler lesen die 114 Suren („Kapitel") und lernen Verse des Korans auswendig, manche sogar den ganzen Koran.

Das heilige Buch des Islam

Die Offenbarung ist auf Arabisch niedergeschrieben, und die Muslime studieren sie seit jeher in der Originalsprache. Oft bedeutet das, dass Mädchen und Jungen am Anfang die Worte lesen, ohne sie völlig zu verstehen. Aber schon das laute Lesen ist für Muslime eine religiöse Handlung. Der Koran wird mit größter Sorgfalt behandelt, und nur wer sich rituell gereinigt hat, darf ihn berühren. Nahezu jeder Muslim besitzt den Koran, und viele verwahren das Buch in einem eigens dazu geschaffenen Kästchen mit kunstvollen Verzierungen.

Koran und Bibel

Mohammed empfing Gottes Wort über einen Zeitraum von 23 Jahren hinweg. Häufig greift diese Offenbarung auf Themen der Bibel zurück, die schon Mose und andere Propheten verkündet hatten: die Erschaffung der Welt und des Menschen, den Sündenfall, die Sintflut und den Turmbau zu Babel, die Abrahams- und die Josefsgeschichte, die Zehn Gebote. Auch von der Geburt, dem Wirken und der Kreuzigung Jesu wird erzählt. Die Propheten Israels und Jesus gelten auch dem Islam als Gottesboten, deren Botschaft jedoch nicht rein bewahrt wurde. Eine der schlimmen Verfälschungen sieht der Koran darin, dass die Christen Jesus als Gottes Sohn anbeten und Gott in drei Personen verehren. Deshalb ist die letzte und endgültige Offenbarung Gottes an Mohammed notwendig.

▲ Als Ausdruck seiner Frömmigkeit versucht jeder muslimische Kalligraph (Schönschreiber), die am kunstvollsten verzierte Abschrift zu fertigen. Diese Handschrift mit ihren großartigen Verzierungen schrieb Al-Zuhdi im Jahr 1802.

◄ Dieser Schüler einer Londoner Islamschule liest im Koran. In der indischen und pakistanischen Tradition sitzen die Kinder nicht in Sitzreihen mitten im Raum, sondern an den Außenwänden, denn es gilt als respektlos, dem heiligen Buch den Rücken zuzukehren.

Richtschnur des Glaubens und Handelns

Der Koran betont die Einzigartigkeit Gottes, der „weder gezeugt hat noch gezeugt wurde" (Koran 112, 3), und die Notwendigkeit, ihm zu gehorchen. Deshalb enthält er viele Vorschriften zur Religion, zur Lebens- und zur Gesellschaftsordnung. Geregelt werden das Familienleben, das Verhalten des Einzelnen und die Strafen für Sünder beim Jüngsten Gericht. Die zweite Richtschnur für die Muslime ist die „Sunna" („Weg"), die Überlieferung vom Leben und Wirken Mohammeds. Koran und Sunna bilden zusammen die Grundlagen des islamischen Rechts, der „Scharia". Obgleich es innerhalb des Islam verschiedene Strömungen gibt und Gelehrte den Text unterschiedlich auslegen, betrachten alle Muslime den Koran und die Einhaltung seiner Gesetze als verpflichtend.

„Dies ist ein vollkommenes Buch; es ist kein Zweifel darin: eine Richtschnur für die Rechtschaffenen."

Koran 2, 2

▼ Viele Muslime glauben, dass sich das Original des Korans seit Anbeginn der Zeit auf Steintafeln im Himmel befindet. Der Text wird als vollständige Offenbarung von Allahs Wort verehrt.

Die fünf Grundpfeiler des Islam

Die Gesetze des Islam regeln das religiöse und das alltägliche Leben der Muslime. Gebote und Verbote sollen den Menschen den Weg zu einem glücklichen Leben auf Erden und zum ewigen Leben bei Gott weisen. Vier Hauptpflichten („Grundpfeiler") sind den Gläubigen vorgeschrieben.

Schahada

So wie die Pfeiler einer Moschee das Gebäude abstützen, so stützen die Grundpfeiler des Islam den Glauben und das Handeln. Der erste Pfeiler ist das Glaubensbekenntnis („Schahada"): „Ich bezeuge, dass es keinen Gott außer Gott gibt, und ich bezeuge, dass Mohammed der Gesandte Gottes ist." Mit diesen Worten bekräftigen die Muslime ihren Glauben

▼ Im Mittelpunkt der heiligen Stadt Mekka steht die Kaaba. Sie ist ein mit schwarzen Decken verhängtes würfelförmiges Bauwerk von etwa 11 m Seitenlänge. Ihren Grundstein soll Adam gelegt haben. Abraham baute sie nach der Sintflut wieder auf. In einen der Eckpfeiler ist der heilige schwarze Stein eingelassen. Die muslimischen Pilger gehen betend siebenmal gegen den Uhrzeigersinn um die Kaaba herum. Alle Muslime der Welt neigen sich beim gemeinsamen Gebet in Richtung der Kaaba.

Regelmäßiges Gebet steht im Mittelpunkt der islamischen Frömmigkeit. Frauen und Kinder beten getrennt von den Männern.

an den einen Gott und ihre Überzeugung, dass dieser sein Wort Mohammed offenbart hat. Diese Aussage ist die Grundlage des muslimischen Glaubens. Es ist das Erste, was einem Kind nach seiner Geburt ins Ohr geflüstert wird, und das Letzte, was ein Muslim nach Möglichkeit vor seinem Tod sagt.

Salat und Zakat

Der zweite Grundpfeiler ist das Pflichtgebet („Salat"), das fünfmal am Tag gesprochen wird – zur Morgendämmerung, am Mittag, am Nachmittag, am Abend und in der Nacht. Neben der äußeren Reinigung durch Waschung vor dem Gebet wird auch die Reinigung der Seele erreicht. Die Muslime unterbrechen dafür ihre Arbeit und verneigen sich tief in Richtung Mekka.

Der dritte Grundpfeiler ist „Zakat", das Almosen. Die Großzügigkeit Gottes gegenüber seinem Volk soll sich fortsetzen in der Güte gegenüber denen, die nicht so viel besitzen.

> *„Ich bezeuge, dass es keinen Gott außer Gott gibt, und ich bezeuge, dass Mohammed der Gesandte Gottes ist."*
>
> Schahada

Saum

Der vierte Grundpfeiler ist „Saum", das Fasten im heiligen Monat Ramadan, in dem man bei Tageslicht ohne Essen und Trinken auskommen muss. Für Menschen, die arbeiten oder zur Schule gehen, ist das nicht einfach. Das Ende des Ramadan wird mit dem Fest Id al-fitr gefeiert, bei dem sich die Menschen gegenseitig beschenken.

Mekka, der Geburtsort des Propheten Mohammed, ist eine heilige Stadt. Jährlich pilgern über 2 Millionen Muslime dorthin. Die Wallfahrt nach Mekka („Haddsch"), die alle gesunden Frauen und Männer mindestens einmal im Leben machen sollten, ist der fünfte Grundpfeiler des Islam.

Muslimische Kinder erlernen schon früh ihre religiösen Pflichten, in deren Mittelpunkt die fünf Grundpfeiler stehen.

Gesetz und Gelehrsamkeit

Das arabische Wort für das islamische Gesetz lautet „Scharia". Es bezeichnet eigentlich den Weg zum Tränkplatz der Kamele, bezieht sich aber darüber hinaus auf den Weg, der zu Gott führt, wenn er befolgt wird.

Die Quellen des Gesetzes

Die wichtigsten Quellen des muslimischen Gesetzes sind der Koran und die Sunna. Das Handeln des Menschen wird in fünf Kategorien eingeordnet: das, was Gott verordnet hat, das, was er verboten hat, das, was er empfohlen, aber nicht befohlen hat, das, was er verworfen, aber nicht verboten hat, und das, worüber Gott schweigt. Ein Beispiel für diese Unterscheidungen ist die Haltung des Islam zu Alkohol und Tabak. Der Genuss des Rauschmittels Alkohol ist absolut verboten. Der Genuss von Tabak dagegen, so einige Gelehrte, ist vom Koran nicht ausdrücklich verboten; es gibt keine eindeutige Regel dafür. Die Muslime dürfen daher Pfeife oder Zigarette rauchen, ohne das Gesetz zu brechen.

▲ Das islamische Gesetz regelt auch das Familienleben. Ein Mann darf bis zu vier Frauen haben, vorausgesetzt, er kann für alle gleich gut sorgen. Im Westen ist die Vielehe heute allerdings selten.

Die Auslegung des Gesetzes

Die Scharia deckt alle Bereiche der Gesellschaft ab: Familie, Eigentum, Verbrechen, Bestrafung, Geschäftsbeziehungen und Moral. Von jeder Gesellschaft wurde sie in eine Gesetzgebung überführt, die den jeweiligen Bedürfnissen genügte. Die Rechtsgelehrten („Muftis") legen die Scharia ständig neu aus; ihre Erkenntnisse fließen in die Gesetzgebung ein.
Die Schiiten befolgen zusätzlich die Vorgaben ihrer höchsten religiösen Führer, der Ayatollahs. Auch wenn das islamische Gesetz unterschiedlich ausgelegt wird – die Grundlagen sind immer die gleichen.

▶ Der Islam macht das Streben nach Wissen zur Pflicht für jeden Muslim. Hier wird in einem ägyptischen Labor geforscht.

Gelehrsamkeit

Während des europäischen Mittelalters (500–1500 n. Chr.) übersetzten die Schriftsteller, Philosophen und Mathematiker der islamischen Welt die Texte des griechischen Altertums ins Arabische und entwickelten die antike Wissenschaftstradition weiter. So gehen beispielsweise die westlichen Ziffern auf arabische Ursprünge zurück. Die arabischen Mathematiker begründeten die Algebra und legten den Grundstein für die moderne Mathematik.

Astronomie

Arabische Gelehrte richteten Observatorien ein, in denen sie die Gestirne beobachteten und erforschten und Sternkarten erstellten. Dafür verwendeten und verbesserten sie das „Astrolabium". Das ist ein Gerät, das neben der wissenschaftlichen Funktion (den Winkel zwischen den Sternen sowie Entfernungen und Himmelsrichtungen am Boden berechnen) auch eine religiöse Bedeutung hatte (die Richtung nach Mekka

▲ Dieses Gemälde zeigt Astronomen des 16. Jh. bei der Arbeit in einer Sternwarte in Istanbul. Muslimische Wissenschaftler entwickelten Globen, Karten, Astrolabium, Fernrohr und Kompass weiter.

finden). Das Astrolabium war wertvoll für Schifffahrt und Kartographie und ermöglichte weitere wissenschaftliche Entdeckungen. Der Islam, der bedeutende Philosophen, Ärzte und Gelehrte hervorbrachte, fördert noch heute die Naturwissenschaften, lehrt aber auch, dass Gott die Quelle allen Wissens und aller Schöpfung ist.

Gebet und Feste

Nach muslimischem Glauben wurden die Menschen erschaffen, um Gott zu verehren; ihr Lebenszweck ist die vollständige Hingabe an Gott. Abgesehen vom Hauptgebet am Freitagmittag in der Moschee können die Muslime das Gebet an jedem beliebigen Ort verrichten. Vorgeschrieben ist es fünfmal täglich. Die Gläubigen richten den Blick nach Mekka und vollziehen einen fest vorgeschriebenen Bewegungsablauf, wobei sie unter anderem mit der Stirn den Boden berühren. Viele Muslime haben einen speziellen Gebetsteppich („Sadschada") für zu Hause und unterwegs. Vor dem Gebet ziehen sie als Zeichen der Ehrerbietung die Schuhe aus.

▲ Fünfmal täglich unterbrechen Muslime ihre Tätigkeit für das Gebet. Sie wenden sich nach Mekka, knien nieder und verneigen sich tief zum Gebet.

Die Feste

So wie die Gebete den Tag gliedern, so gliedern die Feste das islamische Jahr, das aus zwölf Mondmonaten, also 354 Tagen besteht. In einigen islamischen Traditionen beginnt der Kalender mit der Feier der Hedschra, der Flucht des Propheten von Mekka nach Medina im Jahr 622 n. Chr. Zwei Monate später folgt das Fest, das seinen Geburtstag im Jahr 570 n. Chr. feiert.

Ramadan ist der neunte und wichtigste Monat des Jahres. Da Gottes erste Offenbarung an Mohammed im Ramadan stattgefunden haben soll, gilt er als heilig. Bei Tageslicht wird auf Essen und Trinken verzichtet. Das Fasten ist eine körperliche wie geistige Übung, um die ganze Aufmerksamkeit auf Gott zu lenken. Während jeder gesunde Erwachsene fasten soll, sind Kinder davon befreit.

◄ Mit dem fröhlichen Fest Id al-fitr beenden die Familien den Fastenmonat. Diese Kinder haben Glückwunschkarten für das Fest gebastelt. Das Ende des Ramadan ist eine segensreiche und freudige Zeit. Man beschenkt sich gegenseitig.

„Oh ihr Menschen, dienet eurem Herrn, der euch erschuf ..."

Koran 2, 21

Der Alltag im Ramadan

In vielen Haushalten beginnt der Tag vor Sonnenaufgang mit Gebeten und einer Lesung aus dem Koran. Dann gehen die Menschen zur Arbeit. Sie wissen, dass sie bis zum Sonnenuntergang weder essen noch trinken dürfen. Im Ramadan nehmen mehr Menschen an den Gottesdiensten in der Moschee teil, besonders gegen Ende des Monats. Dann versammeln sie sich, um

▲ Das Ende des Ramadan wird mit einem festlichen Essen begangen.

der „Lailat al Kadr", der „Nacht der Bestimmung" zu gedenken, in der Gott dem Propheten Mohammed sein heiliges Gesetz offenbarte. Die Gläubigen verbringen die ganze Nacht bei Gebet und Koranlesungen in der Moschee. Das Fasten richtet die Gedanken, den Körper und den Geist auf Gott, um der Versuchung zu widerstehen.

Fasten und Feiern

Ramadan endet, sobald der Neumond zum ersten Mal gesichtet wird. In einigen Ländern wird das Ende des Fastenmonats mit Kanonendonner verkündet. Das Freudenfest Id al-fitr wird vorbereitet, zu dem erstmals nach einem Monat wieder eine Mahlzeit bei Tageslicht eingenommen werden darf. Arme erhalten mildtätige Gaben, damit auch sie den Tag glücklich begehen können. Man beschenkt sich gegenseitig als Zeichen für den Segen und das Glück, das die erwartet, die Gottes Willen befolgen.

◄ Kinder aus Singapur feiern das Ende des Ramadan. Die Menschen kleiden sich zu diesem feierlichen Anlass festlich.

Die Moschee

Das Wort „Moschee" kommt aus dem Arabischen und bedeutet „Ort, wo man sich niederwirft". Hier versammeln sich die Muslime zum Gebet. Auch wenn die Moscheen im jeweils typischen Baustil ihres Landes errichtet sind, haben alle gemeinsame Merkmale.

Wegweiser zu Gott

Das auffälligste Merkmal einer Moschee ist der hohe schlanke Turm, der von weitem sichtbar ist und an Gottes Gegenwart erinnern soll („Minarett"). Wenn man zur Spitze des Minaretts hinaufsieht, blickt man in den Himmel. Die Kuppel der Moschee ist das Symbol für das Dach des Himmels, in dem Gott glanzvoll und erhaben regiert. Moscheen sind oft kunstvoll mit geometrischen Mustern verziert. Sie symbolisieren, dass das ganze Universum Gott anbetet. Es gibt keine Abbildungen von Menschen oder Tieren, die von Gott ablenken könnten.

Gebetshaus

Die Moschee ist am Mittag des Freitag, dem Tag des gemeinsamen Gebets, meist voll. Jeder gesunde, erwachsene Muslim muss am Freitagsgebet teilnehmen. Anders als im Judentum und im Christentum gibt es im Islam keinen Ruhetag. Da Gott unermüdlich wirkt, tun die Muslime das Gleiche. Nach dem Freitagsgebet gehen die Gläubigen wieder an die Arbeit.

Das Gebet wird von einem Vorbeter („Imam" oder „Khatib") geleitet. Die Gläubigen wenden sich dabei immer der Kaaba in Mekka zu; die Richtung wird von einer Gebetsnische („Mihrab") angezeigt.

Das Gebet ist begleitet von einem vorgeschriebenen Bewegungsablauf: Stehen, Knien und sich Verbeugen. Deshalb gibt

◀ Der „Muezzin" (Gebetsrufer) ruft die Gläubigen vom Minarett zum Gebet. In den meisten islamischen Ländern kommt der Ruf zum Gebet heute vom Band und wird durch Lautsprecher verstärkt.

Die Mihrab ist eine Nische in der Wand, die nach Mekka zeigt.

Die Minbar ist eine Kanzel, von der der Imam freitags seine Predigt hält.

Von den Balkonen der Minarette ruft der Muezzin zum Gebet.

◀ Die Blaue Moschee in Istanbul zählt zu den schönsten Religionsbauten der Erde. Sie wurde zwischen 1609 und 1616 n. Chr. unter Sultan Ahmed I. erbaut.

▲ In der Moschee des Propheten in Medina (Saudi-Arabien) versammeln sich die Männer zum Gebet. Sie knien, nach Mekka gewandt, auf dem Teppich.

es in einer Gebetshalle auch keine Stühle.

Teppiche bedecken den Boden und weisen ihn als rein aus. In den meisten Moscheen gibt es einen abgetrennten Gebetsraum für die Frauen. Frauen müssen nicht am Gebet teilnehmen.

Bevor die Gläubigen die Moschee betreten, reinigen sie mit Wasser Hände, Gesicht, Nase, Mund und Füße im dafür vorgesehenen Waschraum. Die Waschung („Wudhu") erfolgt in vorgeschriebener Reihenfolge. Vor dem Freitagsgebet soll ein Duschbad genommen werden. Die Moschee wird aus Achtung vor Gott nicht mit Schuhen betreten.

Das Gebet

In der Gebetshalle stellen sich die Gläubigen auf. Neben dem Mihrab befindet sich die Kanzel („Minbar"). Von dort aus hält der Imam seine Ansprache („Khutba"). Das Gebet in der Moschee gründet sich allein auf das Wort Gottes, deshalb gibt es weder Lied- noch Musikbegleitung. Weil nach muslimischem Glauben Gott das gemeinsame Gebet dem Gebet des Einzelnen vorzieht, versucht jeder Gläubige daran teilzunehmen.

Ein Brunnen im Hof der Moschee diente früher der rituellen Waschung vor dem Gebet.

Verschiedene Glaubensgruppen

Der Koran beschreibt Mohammed als „Siegel der Propheten". Das heißt, er besiegelt ein für alle Mal die Reihe der Propheten (angefangen von Adam über Abraham und Mose bis hin zu Jesus). Mohammed ist der letzte Prophet und keiner wird nach ihm folgen.

Die Spaltung der Gläubigen

Nach dem Tod des Propheten Mohammed entbrannte ein Streit darüber, wer die muslimische Gemeinde führen solle. Es entstanden zwei Gruppen. Die eine war der Meinung, niemand könne so weise und gut sein wie Mohammed, sodass sein Nachfolger von der Gemeinde gewählt werden solle. Der erste Nachfolger des Propheten war Abu Bakr. Er war der erste von vier Kalifen, die über die (noch) ungeteilte Gemeinde der Gläubigen („Umma") herrschten. Aus der Gruppe, die Abu Bakr unterstützt hatte, bildeten sich später die Sunniten („sunna" = „Gewohnheit, Tradition").

▲ Von 1979 bis 1989 hatte der Ayatollah Khomeini einen enormen Einfluss auf den Schia-Islam. Die Revolution, die er im Iran in Gang brachte, und sein strenges Verständnis des Islam führten zum Konflikt mit Ländern des Westens.

Die andere Gruppe, aus der später die Schiiten hervorgingen, wandte sich gegen Abu Bakrs Wahl. Sie hielt Mohammeds engsten Verwandten, seinen Neffen und Schwiegersohn Ali, für geeignet, Nachfolger des Propheten zu werden. Bald wurde diese Gruppe als „Partei Alis" bezeichnet („schiat Ali" oder kurz „Schia"). Sie glaubten, dass Ali einige Fähigkeiten und die Führungsmacht des Stifters in sich trage, sodass er besonders dazu geeignet sei, religiöser Führer oder Imam zu werden.

Die Spaltung zwischen Sunna und Schia fällt in das Jahr 680 n. Chr., als Alis Sohn Hussain in der Schlacht von Karbala von muslimischen Gegnern getötet wurde. Sein Grab im heutigen Südirak ist eines der wichtigsten schiitischen Heiligtümer.

Die Schiiten machen heute etwa 10 Prozent der Muslime weltweit aus, während 90 Prozent der Mus-

▶ Diese chinesischen Kinder lesen auf Arabisch aus dem Koran. Der Islam hat sich von seinen Anfängen auf der arabischen Halbinsel über die ganze Welt ausgebreitet.

▲ Das islamische Gewand sollte zu allen Zeiten bescheiden sein. In den verschiedenen Ländern wird diese Bescheidenheit unterschiedlich ausgelegt. Unter den Taliban mussten die afghanischen Frauen die Burka tragen, die nur die Augen freilässt; selbst diese werden oft von einem Schleier verdeckt.

lime zu den Sunna zählen. Ein wichtiges Sunna-Zentrum ist Saudi-Arabien, das in Mekka auch das wichtigste Heiligtum beherbergt.

„Und wenn du den Koran liest, so suche Zuflucht bei Gott vor Satan, dem Verworfenen."

Koran 16, 98

Schiitische Gruppen

Nach Auffassung der Schiiten endete mit Ali die allein berechtigte Nachfolge des Propheten. Die Schiiten erkennen weder die vorangegangenen drei Kalifen noch die später nachfolgenden als rechtmäßig an. Im Streit darüber, welche Imame rechtmäßig seien, zerfiel die Schia in drei Gruppen. Die Imamia (Iran, Irak und im Libanon) erkennt zwölf Imame an. Der letzte Imam wurde entrückt und soll wiederkommen, um die Welt gerecht zu regieren. Die Ismailiten (Afrika, Asien) erkennen sieben Imame an. Sie unterstützen den siebten Imam Ismail. Für die Zaiditen im Jemen ist Zaid, der siebte Imam, der letzte rechtmäßige Führer.

Sufismus

Der Sufismus ist eine religiös-philosophische Bewegung innerhalb des Islam. Der Name leitet sich von „Safa" ab; das bedeutet etwa „rein, gereinigt von Unkenntnis, frei von Beschränkungen". Eine andere Wurzel ist das Wort „Suf"; es ist die Bezeichnung für den groben Wollstoff, aus dem die Bekleidung der Gläubigen hergestellt wird. Sufis streben einen engeren, persönlicheren Zugang zu Gott an. Der Sufismus wurde von der zurückgezogenen Lebensweise in Armut und Keuschheit der christlichen Mönche und Einsiedler beeinflusst. Auch die Sufis wenden sich von der Welt ab und geloben Armut.

Tanz und Trance

Im Gottesdienst („Dhikr") richten die Sufis mit Hilfe von Gesang, Tanz und Musik all ihre Aufmerksamkeit auf Gott. Durch Konzentration auf die göttliche Macht erreichen sie einen entrückten Zustand (Trance), in dem sie die Welt um sich herum völlig vergessen, damit sich das Bewusstsein erweitert, die Seele frei wird und sich Gott nähert. Dabei wiederholen sie oft stundenlang ein kurzes Gebet immer eindringlicher, schneller und lauter.

Tanz der Derwische

Im 12. Jh. n. Chr. entstanden eine Reihe von Sufi-Orden, die sich ganz von der Welt abschotteten. In den Bruderschaften wurde studiert und gebetet. Den bekanntesten Orden bilden heute die „Derwische", deren Name sich vermutlich aus dem türkischen und persischen Wort für „Bettler" ableitet. Auch sie geloben Armut und widmen ihr Leben ganz Gott.

Teil ihrer religiösen Zeremonie sind Meditationstänze. Dabei versetzen sich die Derwische in einen fast hypnotischen oder trance-ähnlichen Zustand. Die tanzenden Derwische drehen sich zu Musik im immer gleichen Rhythmus um sich selbst und umrunden dabei die Tanzfläche.

◄ Diese Frau betet mit einer Gebetsschnur. Die immer gleiche Abfolge der Perlen hilft dabei, die Gedanken auf Gott zu richten. Eine Parallele stellt das christliche Rosenkranzgebet dar.

▲ Die Gruppe der Tänzer besteht immer aus mehreren Mönchen. Der Hut symbolisiert einen Grabstein, der schwarze Umhang den Sarg und das weiße Kleid das Leichentuch.

Der Ablauf des Tanzes wird von Aufsehern kontrolliert; wer vom Rhythmus abweicht, wird korrigiert.

Durch den Tanz erreichen die Derwische eine höhere Bewusstseinsebene, in der sie Gott nahe kommen wollen. Alles Denken wird ausgeschaltet, das Bewusstsein wird ganz auf Gott hin ausgerichtet. Der wirbelnde Tanz symbolisiert die Drehung der Planeten um die Sonne und die der gesamten Schöpfung um Gott.

Manche Muslime betrachten Musik als gottlose Versuchung. Den Sufis dagegen ist sie eine Form der Hilfestellung in ihrer alles verzehrenden Liebe zu Gott.

Neue Religionen

Die Suche nach Antworten auf Lebensfragen oder nach dem Sinn des Lebens ist nicht beschränkt auf die großen Weltreligionen. Immer wieder haben Menschen verschiedener Kulturkreise neue religiöse Bewegungen gegründet. Es entstanden neue Religionen, die Elemente aus den traditionellen Religionen miteinander verschmolzen, oder Religionsgemeinschaften, die sich in Lehre und Ritus von den Kirchen abspalteten.

Die Kirche Jesu Christi der Heiligen der Letzten Tage ("Mormonen")

Joseph Smith (1805–1844) gründete die Kirche im Jahr 1830 in den USA. Ihm sollen in einer Vision Gott Vater und Jesus Christus erschienen sein; später soll ihm ein Engel aufgetragen haben, das Buch "Mormon" zu übersetzen. Es handelt von den Ureinwohnern Amerikas, die von Jerusalem aus in die Neue Welt gekommen waren, um dort eine Religionsform zu leben, die auf Teilen des Alten und des Neuen Testaments beruhte. Die Mormonen verehren das Buch Mormon als ihre heilige Schrift. Sie erkennen auch die Bibel an, die sie aber als unvollständig und falsch übersetzt betrachten. Die Mormonen glauben, dass Jesus Christus das heutige Amerika besucht hat und dass ihre Kirche die einzig wahre Kirche Jesu Christi ist. Jesus werde zurückkehren und ein tausendjähriges Reich errichten, in dem der Teufel besiegt wird. Die Mormonen leben nach strengen Regeln und lehnen Tabak, Alkohol und Drogen ab. Die Hauptstadt der Mormonen ist Salt Lake City (Utah, Nordamerika). Die Kirche ist heute weltweit vertreten und hat etwa 11 Millionen Mitglieder. Junge Mitglieder der Kirche sind als Missionare tätig.

▲ Mitglieder der Kirche Jesu Christi der Heiligen der Letzten Tage (Mormonen) spielen den Tag des langen Marsches im Jahr 1847 nach. Damals zogen die ersten Mormonentrecks über die Prärien Nordamerikas in das Tal des Großen Salzsees.

◄ Im 19. Jh. bildeten sich vor allem in Großbritannien neue Druidenorden oder Logen, um das keltische Druidentum wieder aufleben zu lassen. Diese Gruppen gibt es heute in einigen Ländern der Erde. Die modernen Druiden verbinden christliches Gedankengut und große Naturverbundenheit miteinander.

Adventistische Gemeinschaften

Adventistische Gemeinschaften glauben, dass Christus zurückkehren und eine neue Erde erschaffen wird. Die „Siebten-Tags-Adventisten" zum Beispiel sind eine protestantische Freikirche mit etwa 12 Millionen Mitgliedern. Sie glauben an die baldige Wiederkehr Christi und die damit verbundene Auferstehung. Sie anerkennen nur die Bibel als Grundlage ihres Glaubens.

Baha'i-Religion

Die Baha'i-Religion entstand aus dem Islam und wurde 1863 von Mirsa Husain Ali Nuri (1817–1892) gestiftet. Er war Anhänger des Mirsa Ali Mohammed, genannt der „Bab" („die Pforte"). Dieser lehrte, dass Mohammed nicht der letzte Prophet gewesen sei, sondern dass ein weiterer Bote Gottes kommen werde. Nuri nahm den Namen „Bahaullah" („Glanz Gottes") an. Seine Botschaft ist die Suche nach Einheit, Frieden und Harmonie. Alle Religionen und Völker der Erde sollen sich zu einer Weltzivilisation vereinigen.

▶ Die männlichen Mitglieder der Hare-Krishna-Bewegung haben rasierte Köpfe und tragen safrangelbe Gewänder. Frauen tragen immer eine Kopfbedeckung.

Hare-Krishna-Bewegung

Die Hare-Krishna-Bewegung wurde 1966 in den USA gegründet. Ihre Anhänger verehren den Gott Krishna und leben ein zurückgezogenes, mönchsähnliches Leben, um Frieden und Glückseligkeit zu erlangen. Zu ihrer Religionsausübung gehören Yoga, Meditation und tägliche Lesungen aus ihren Schriften. Von vielen Hindugemeinschaften wird die Hare-Krishna-Bewegung anerkannt.

Rastafarianismus

Der Rastafarianismus, der vorwiegend auf Jamaika und anderen Inseln der Karibik praktiziert wird, verehrt den verstorbenen äthiopischen Kaiser Haile Selassie (1892–1975), der in Äthiopien als Ras ("Fürst") Tafari Makonnen zur Welt kam. Seine Anhänger betrachten ihn als Erlöser, der das schwarze Volk in seine geheiligte afrikanische Heimat zurückführen und von der Unterdrückung durch das weiße Volk befreien wird. Die Anhänger des Rastafarianismus betrachten sich als Nachkommen der zwölf Stämme Israels. Insbesondere glauben sie, dass sie den Psalm 68 erfüllen, in dem die Befreiung der Unterdrückten durch Gott verkündet wird. Sie bezeichnen Gott mit dem Namen "Jah". Der wohl berühmteste Rastafari war der Sänger Bob Marley, der mit seiner Musik (Reggae) den Rastafarianismus einem Massenpublikum zugänglich machte.

Die New-Age-Bewegung

Anhänger der New-Age-Bewegung ("Neues Zeitalter") sind der Auffassung, dass das neue "Zeitalter des Wassermanns" etwa in unserer Zeit beginnen und große Veränderungen in der geistigen Entwicklung der Menschheit mit sich bringen wird. Zu Grunde gelegt werden Erkenntnisse aus den Naturwissenschaften, aus östlichen Weisheitslehren (Buddhismus, Hinduismus, Sufismus) und astrologischen Berechnungen. Der Mensch des Wassermann-Zeitalters wird von einem ganzheitlichen Denken und einem anderen Bewusstsein geprägt sein. Dies wird zu Veränderungen in den Lebensgewohnheiten der Menschen und zu wissenschaftlichen Neuansätzen zum Beispiel in Physik, Medizin oder Psychologie führen.

▲ Anhänger der Vereinigungskirche (Moon-Sekte) bei einer Massentrauung. Die Bewegung wurde 1954 in Seoul (Korea) von Sun Myung Moon gegründet. Seine umstrittene Lehre verbindet Elemente des Christentums und des Taoismus. Moon sieht sich beauftragt, die "gescheiterte Mission" Jesu zu vollenden.

◄ Vor allem in den USA betreiben verschiedene Glaubensgemeinschaften eigene Fernsehstationen. Fernsehprediger erreichen mit ihren an Showauftritte erinnernden Predigten ein Massenpublikum. Neben den Medien Rundfunk und Fernsehen wird verstärkt auch das Internet als Verkündigungsmedium eingesetzt.

Neue religiöse und weltanschauliche Bewegungen

Mit dieser Sammelbezeichnung werden einerseits Gruppen bezeichnet, die sich von einer Mutterreligion abgespalten haben und eine eigene religiöse Auffassung vertreten, aber auch Gruppierungen, die für eine bestimmte Weltanschauung eintreten. Sie haben unterschiedliche Ausprägungen und Inhalte.

Viele dieser Gruppierungen werben mit neuen Heilungsmethoden, bieten Lebenshilfe an oder locken mit anderen Heilsversprechen Mitglieder an. Das Gefährliche an den so genannten „Sekten" besteht darin, dass sie massiven Einfluss auf die Psyche, die Gesundheit und die gesamte Freiheit ihrer Anhänger nehmen können. Sie sind häufig sehr einseitig ausgerichtet, fordern absoluten Gehorsam und führen ihre Anhänger in die geistige und finanzielle Abhängigkeit. In der Regel stehen den Sekten Führer oder „Propheten" vor, die behaupten, die Wahrheit zu kennen und die Welt retten zu können.

Die Abhängigkeit von einer Sekte kann so stark sein, dass Sektenmitgliedern der Ausstieg gar nicht oder nur mit Unterstützung von außen gelingt. In einigen Fällen haben Sekten ihre Anhänger sogar in den (Massen-)Selbstmord getrieben.

> *„Es gibt nur eine Religion, aber hundert Abwandlungen davon."*
>
> George Bernard Shaw
> (Irischer Dramatiker 1856–1950)

◀ Rasta-Locken sind das augenfälligste Kennzeichen der Rastafaris. Damit unterstreichen sie ihre Weigerung, sich den Erwartungen der Weißen zu beugen. Dieser Stil soll von der Mähne des Löwen von Judäa beeinflusst sein, die in der Bibel beschrieben wird.

Worterklärungen

Adi-Granth „Buch vom Anfang"; das heilige Buch der Sikh, das verehrt wird wie ein Lehrer, daher auch sein zweiter Name „Guru Granth Sahib"

Ahimsa Im hinduistischen, buddhistischen und dschainistischen Glauben die Ehrfurcht vor allen Lebewesen und der Grundsatz der Gewaltlosigkeit

Ahnenverehrung In der chinesischen Religion, im Shintoismus und in den Naturreligionen die Verehrung der Vorfahren

Ahura Mazda Der Schöpfergott im Parsismus

Askese Der Verzicht auf Nahrung und Besitz, um sich ganz auf Gott konzentrieren zu können und sich geistig weiterzuentwickeln

Allah Arabischer Name für Gott

Awatara Im Hinduismus eine der zehn irdischen Erscheinungen des Schöpfergottes Vishnu

Bund Vereinbarung zwischen Gott und dem Volk Israel

Dharma Im Hinduismus das immer während Gesetz des Universums. Im Buddhismus die Lehren des Buddha

Druiden Keltische Priester

Dschihad Heiliger Kampf zur Verteidigung des Islam, aber auch das Ringen jedes gläubigen Muslim um ein gottgefälliges Leben

Eucharistie Auch Abendmahl, Kommunion oder Heilige Messe; Jesus Christus ist in Brot und Wein auf übernatürliche Weise gegenwärtig. Diese werden in der Eucharistie geheiligt und in seinen Leib und sein Blut gewandelt.

Evangelium Die ersten vier Bücher des Neuen Testaments der Bibel über das Leben und Wirken Jesu. Die Evangelien sind die Verkündigung der Botschaft und keine Biographie Jesu.

Fastenzeit In der katholischen Kirche die 40 Tage vor Ostern

Fünf Grundpfeiler des Islam Die wichtigsten Pflichten jedes Muslim: das Bekenntnis zum Glauben an den einen Gott, das tägliche Gebet, das Almosen, das Fasten im Ramadan und die Wallfahrt nach Mekka

Glaubensbekenntnis Die zentralen Glaubenssätze einer Religion

Guru Im Hinduismus geistiger Lehrer, im Sikhismus einer der zehn frühen Glaubensführer

Himmel In vielen Religionen die Heimat Gottes oder der Götter

Hölle Ort der ewigen Qualen, der den schlechten Menschen nach ihrem Tod bestimmt ist

Imam Gilt als Messias der gesamten islamischen Gemeinde; er muss aus der Familie des Propheten Mohammed stammen.

Jom Kippur Der jüdische Versöhnungstag ist der heiligste Tag im Jahr. Er ist ein Fastentag und dient der Prüfung, der inneren Einkehr und der Buße.

Kami Im Shinto unsichtbare Geister in der Natur; Bezeichnung für die japanischen Götter

Karma Im Hinduismus und im Buddhismus das ewige Gesetz von Ursache und Wirkung. Gute Taten, Worte und Gedanken haben eine Wiedergeburt in ein besseres Leben zur Folge. Im Dschainismus ein unsichtbarer Makel, der sich an die Seele heftet und sie am Fortkommen hindert.

Konvertieren Zu einer anderen Religion überwechseln

Konzil Zusammenkunft von katholischen Bischöfen zu Beratung und Beschlussfassung

Koran Das heilige Buch des Islam

Lama Geistiger Lehrer im tibetischen Buddhismus

Mantra Im Buddhismus und Hinduismus ein Wort oder eine Silbe, die in der Meditation wiederholt gesprochen wird

Messias „Gesandter Gottes"; weil die Apostel und Jünger an Jesus als den von Gott gesandten endgültigen Heilbringer (Heiland) glaubten, war er für sie nach der hebräischen Bezeichnung der „Messias". Die Juden erkennen Jesus als Propheten an, warten aber noch auf die Ankunft eines Messias.

Mokscha Im Hinduismus und Dschainismus die Erlösung aus dem immer während den Kreislauf von Geburt, Tod und Wiedergeburt

Monotheismus Glaube an einen einzigen Gott

Moschee Muslimisches Gotteshaus

Nachtreise Die übernatürliche Reise des Propheten Mohammed von Mekka nach Jerusalem, von wo er zu Gott aufstieg

Nirvana Im Buddhismus die Erlösung von allem Leid in einem Zustand vollkommener geistiger Erleuchtung

Offenbarung Gott „spricht" zu den Menschen durch die Heilige Schrift oder durch Jesus, seinen Sohn

Passahfest Das jüdische Fest wird zum Gedenken an den Auszug der Israeliten aus Ägypten gefeiert.

Polytheismus Glaube an mehrere Götter

Rabbi Religiöser Lehrer der Juden

Ragnarök In der germanischen Religion das Ende der Welt und der Beginn eines neuen Himmels und einer neuen Erde

Ramadan Der heilige Monat des Islam, in dem sich Gott nach der Überlieferung Mohammed zum ersten Mal offenbart haben soll

Reue Das Bekennen der Sünden und Bereitschaft zur Buße und Umkehr

Sansara Im Hinduismus der Kreislauf von Geburt, Tod und Wiedergeburt

Schamane In den Naturreligionen eine Person, die Kontakt mit der Geisterwelt aufnehmen kann

Scharia Das islamische Recht

Sünde Zuwiderhandeln gegen die Gebote Gottes

Sunna Die Überlieferung von Leben und Wirken Mohammeds

Synagoge Jüdisches Gotteshaus

Taufe Der christliche Ritus, bei dem ein Kind oder Erwachsener in die Gemeinschaft der Kirche aufgenommen wird

Tora Auch als „Hebräische Bibel" bezeichnet; sie umfasst die fünf Bücher Mose, außerdem die Bücher „Propheten" und „Schriften".

Traumzeit Bei den Aborigines die Zeit der Schöpfung, als die Vorfahren der Menschen auf der Erde weilten und die Landschaft formten

Umma Die Gemeinschaft aller Muslime

Varna Die vier Klassen oder Kasten der Hindu-Gesellschaft

Veden, Veda Die frühesten hinduistischen Schriften

Wallfahrt Reise oder Wanderung an einen heiligen Ort, um dort zu beten

Yin und Yang Gleichwertige und gegensätzliche Grundkräfte im Taoismus. Das Symbol dafür ist „Yin und Yang" – ineinander verschlungen ergänzen sich das lichte und männliche Yin mit dem finsteren und weiblichen Yang zu einem kreisförmigen Ganzen.

Zion Biblischer Name für Jerusalem und das Land Israel

Register

Bildnachweis

3 Magnum Photos/Bruno Barbey.
4 Impact/Michael Mirecki, TL; Michael Freeman, TR; Bridgeman Art Library/Victoria & Albert Museum, BL; Bridgeman Art Library, BR. **5** Hutchison Library/ Liba Taylor, TL; Peter Sanders, MR; Sonia Halliday, B. **6** Magnum Photos/Steve McCurry, TR; Magnum Photos/Abbas, BR. **7** Magnum Photos/Jean Gaumy, TL; Trip, B. **8** Tim Slade, B. **9** Robert Harding, TL. **10** Werner Forman Archive/ National Museum, Kopenhagen, BL; **10–11** AKG, B; **11** Robert Harding, TL; AKG/Erich Lessing, BR. **12** Hutchison Library/Jeremy A. Horner, BL; **12–13** Michael Holford/ British Museum, T. **13** Bridgeman Art Library/Oriental Museum, Durham University, TR; Robert Harding, BL. **14** Roger Hutchins, TR; **14–15** Roger Hutchins, B; **15** Trip/R. Cracknell, TR. **16** Bridgeman Art Library/The De Morgan Foundation, London, TR; **16–17** Bridgeman Art Library/ Louvre, Paris. **17** Bridgeman Art Library, TL; Michael Holford, MR. **18** E.T. Archive, TR; Collections/ Michael Diggin, BL. **19** Bridgeman Art Library/Royal Library, Kopenhagen, TL. **20** Bridgeman Art Library, TR; Ancient Art and Architecture Collection, BM. **21** Ann and Bury Peerless, T; Magnum Photos/Bruno Barbey, BL. **22** Bridgeman Art Library, TR; Werner Forman, BR. **23** Trip, TR; Impact/Michael Mirecki, BL. **24** Michael Holford, BL. **24–25** Trip/ T. Bognar, M. **25** Bridgeman Art Library/National Library of Australia, TR. **26** Bridgeman Art Library/ Corbally Stourton Contemporary Art, London, TR; Werner Forman, BL. **27** Bridgeman Art Library, TL; Bridgeman Art Library, BL. **28** Bridgeman Art Library/Royal Ontario Museum, BM. **28–29** E.T. Archive. **29** Bridgeman Art Library, BM. **30** Trip, TR; Still Pictures, BL. **31** Trip/C. Treppe, TL; Bridgeman Art Library, TR. **32–33** Peter Sanders, T; Robert Harding, B. **33** Claire Pullinger, BR. **34** Bridgeman Art Library/National Museum of India, BL. **34–35** Roger Hutchins, M. **35** C.M. Dixon, TR. **36–37** Magnum Photos/Steve McCurry. **37** Bridgeman Art Library, TM; Bridgeman Art Library, BR. **38** Bridgeman Art Library, ML. **38–39** India Office Library. **40** Bridgeman Art Library/ British Library, TR; Frank Spooner, ML; Bridgeman Art Library/Oriental Museum, Durham University, BR. **41** Bridgeman Art Library/Victoria & Albert Museum. **42** Hutchison Library/Liba Taylor, TR; Tony Stone/

Mark Lewis, B. **43** Hutchison Library, TL; Still Pictures/Sarvottam Rajkoomar, BL. **44** British Library, Oriental and India Office, TR; Robert Harding, BL. **45** Hutchison Library/ K. Rodgers, TL. **46** Trip/H. Rogers, BM. **46–47** Trip/Dinodia. **47** Trip/ Dinodia, TR. **48** Robert Harding, ML; Hutchison Library/J. Horner, BR. **49** Hutchison Library. **50** Trip/ H. Rogers, TR; Robert Harding, BL. **51** Bank of India. **52** Trip/H. Rogers, TR; Robert Harding, BM. **53** Michael Freeman, T; Magnum Photos/Raghu Rai, BL. **54** Magnum Photos/Raghu Rai, BL. **54–55** Michael Freeman. **55** Robert Harding/Jeremy Bright, TR; Format/Judy Harrison, BR. **56** Format/Judy Harrison, BL. **56–57** Panos/Liba Taylor, T. **57** Michael Freeman, BR. **58** Michael Freeman, B. **59** Michael Freeman, TL; Bridgeman Art Library/ Christie's, BR. **60** Michael Freeman, TM; Michael Freeman, MR. **61** Bridgeman Art Library/Oriental Museum, Durham University. **62** Bridgeman Art Library/Osaka Museum of Fine Arts, BL; E.T. Archive/British Library, TR. **63** Sygma, T. **64** Trip/B. Vikander, BL. **64–65** Magnum Photos/Raghu Rai, T. **65** Magnum Photos/Ferdinando Scianna, TR; Network/E. Grames/ Bildenberg, BL. **66** Michael Freeman, TR; **66–67** Mitchell Beazley. **67** Michael Freeman, TL; Michael Freeman, BR. **68** Michael Freeman, TR; „Fudschijama über dem Blitz" aus der Serie „36 Ansichten des Fudschijama von Hokusai/Bridgeman Art Library/Fitzwilliam Museum, BL. **69** E.T. Archive, T; Tim Slade, B. **70** Michael Freeman, TR; Michael Freeman, B. **71** Trip/P.Rauter, TL; Michael Freeman, BL; Network/ Gideon Mendel, MR. **72** E.T. Archive, TR; Still Pictures, BL. **73** E.T. Archive/British Museum, TL; Bridgeman Art Library/British Museum, BR. **74** Bridgeman Art Library/Bibliotheque Nationale, BL; Bridgeman Art Library, TR. **75** E.T. Archive/British Museum, TL. **76** Robert Harding, TR, Hutchison Library/Ian Lloyd, BR. **77** Bridgeman Art Library, T. **78** Bridgeman Art Library, BL. **78–79** Hutchison Library/John Hatt, T. **79** Bridgeman Art Library/Oriental Museum, Durham University, BR. **80** Magnum Photos/Fred Mayer, BL. **80–81** Hutchison Library/Robert Francis, T. **81** Magnum Photos/Bruno Barbey, BR. **82** Robert Harding, TR; Magnum Photos/Fred Mayer, BR. **83** Trip/A. Tovy. **84** Trip/A. Tovy, BM; **84–85** Hutchison Library, T.

85 Impact/Simon Shepheard, BL; Bridgeman Art Library/Oriental Museum, Durham University, MR. **86** Format/Raissa Page, BL. **86–87** Network/Gideon Mendel, T. **88** Robert Harding/E. Simanor, BL. **88–89** Michael Freeman, T. **89** Sonia Halliday, TR; Bridgeman Art Library, BL. **90** Bridgeman Art Library/ British Library, TR; E.T. Archive, BL. **91** Keystone/Sygma, BL. **92** Format/ Brenda Prince, ML; Rex Features, BR. **92–93** Magnum Photos/Fred Mayer, T. **93** E.T. Archive, BM. **94** Bridgeman Art Library/Musee Conde, Chantilly, TR. E.T. Archive, BL. **95** Bridgeman Art Library/ Lambeth Palace Library, London. **96** Sonia Halliday, BL. **96–97** Roger Hutchins, M. **97** Sygma/Jamel Balhi, TR. **98** Trip/H.Rogers, TR; Magnum Photos/Fred Mayer, BR. **99** Trip/ E. James, TL; Hutchison Library/Liba Taylor, B. **100** Format/Brenda Prince, BL. **100–101** Sygma/J.P. Laffont, T; Sygma/Daniel Mordzinski, B. **102** Hutchison Library/Liba Taylor, BL. **102–103** Trip/H.Rogers, T. **103** Hutchison Library/Liba Taylor, BR. **104** E.T. Archive/Bibliotheque de l'Arsenal, Paris, TR; Trip/H. Rogers, BM. **105** Sonia Halliday/Barry Searle, BL; Sygma/Daniel Mordzinski, TR. **106** Format/Meryl Levin, BR. **106–107** Network/Barry Lewis, T. **107** Robert Harding/ASAP/Aliza Auerbach, BR. **108** Bridgeman Art Library/Giraudon/Louvre, Paris, B. **109** Hutchison Library, TL; Magnum Photos/Stuart Franklin, BL. **110** Tim Slade, TR; E.T.Archive/Bibliotheque de l'Arsenal, Paris, B. **111** Michael Holford, TR; Bridgeman Art Library/ Bibliotheque Nationale, Paris, BL. **112** „Christus im Haus seiner Eltern" von Millais/Tate Gallery, TR; „Die Taufe Christi" von Piero della Francesca/Bridgeman Art Library/ National Gallery, London. **113** „Die Speisung der Fünftausend" von Hendrik de Clerck/ Bridgeman Art Library/Kunsthistorisches Museum, Wien, TL. **114** Bridgeman Art Library/Musee Conde, Chantilly, TR; Sygma/E. Pasquier, BM. **115** „Die Verspottung Jesu" von Hieronymus Bosch/E.T. Archive/ National Gallery, London, TL. **116** Trip/D. Butcher, BL; „Die Erscheinung des Heiligen Geistes" von Sandro Botticelli/Bridgeman Art Library/ Birmingham Museum and Art Gallery, TR. **117** „Die Erschaffung des Adam" von Michelangelo/Robert Harding/Roy Rainford, T; „Lameth-Apokalypse"/Bridgeman Art Library/ Lambeth Palace Library, BL. **118** Robert Harding TR; Trip/A.

Tjagny-Rjadno, BL; **119** Collections/ Geoff Howard, TR; Sonia Halliday, BL. **120** Robert Harding, BR. **120–121** Robert Harding/E. Simanor, T; Hutchison Library/Lesley McIntyre, B. **121** Hutchison Library/Melanie Friend, TR. **122** John Walmsley, BL; „Das Licht der Welt" von William Holman Hunt/Bridgeman Art Library/Keble College, Oxford, TR. **123** „Die Anbetung der Magier" von Hieronymus Bosch/Bridgeman Art Library/Prado, Madrid, TL. **124** „Die Auferstehung" von Piero della Francesca/Bridgeman Art Library/Pinacoteca, Sansepolcro, ML; Bridgeman Art Library,TR; Magnum/ Fred Mayer, BM. **124–125** Altamont Press Inc. USA, T. **125** Roy Williams, BM. **126** St Francis Preaching to the Birds by Giotto/Bridgeman Art Library/ San Francesco, Assisi, TR; **126–127** Robin Carter/Wildlife Art, B. **127** Hutchison Library/Lesley McIntyre, BR. **128** Sygma/Ira Wyman, BM; Sygma, TR. **129** Trip/S. Grant, TL; Topham Picturepoint, BL. **130** Peter Sanders, TR. **131** Sygma/ S. Elbaz, BL; Bridgeman Art Library/ British Museum, T. **132** Hutchison Library/Mary Jelliffe, TR; Michael Holford, BL. **133** Sonia Halliday/ Topkapi Palace Museum, Istanbul. **134** Sygma/A.Gyori, TR; Peter Sanders, BL. **135** Bridgeman Art Library/British Library, L. **136** Bridgeman Art Library, TR; Peter Sanders, BL. **137** Bridgeman Art Library/Musee Conde, Chantilly, B. **138–139** Peter Sanders, M. **139** Magnum Photos/Abbas, TL; Frank Spooner, BM. **140** Peter Sanders, TR; Magnum Photos/Abbas, BR. **141** Sonia Halliday, Istanbul University Library, L. **142** Format/ Impact, TR; Trip/H. Rogers, BL. **143** Trip/H. Rogers, TL; Trip, BL. **144** Hutchison Library/Isabella Tree, BL; **144–145** Roger Hutchins, M. **145** Peter Sanders, TR. **146** Sygma/ Alain Dejean, TR; Impact/Mark Henley, BR. **147** Magnum Photos/ Abbas, T. **148** Peter Sanders, BL. **148–149** Robert Harding, T. **150** Magnum Photos/Steve McCurry, BL. **150–151** Network/Gideon Mendel, T. **151** Sally Greenhill, BR. **152** Network/Homer Sykes, BM. **152–153** Sygma/Les Stone, T. **153** Sygma, BR.